Tao

Tao

Das Buch von der Wahren Kraft des Dao

Übersetzt und kommentiert von
Aljoscha Schwarz

GONDROM

Buch 1: Dao – der Weg   *S. 8*

Buch 2: De – die Wahre Kraft   *S. 78*

Das Daodejing (frühere Schreibweise: Tao te King) ist das grundlegende Standardwerk des Daoismus.

Ungefähr 400 Jahre vor unserer Zeitrechnung wurde Li Pohyang, der später den Ehrennamen Laozi (Lao-tse), »Alter Meister«, erhielt, in der Provinz Chou, heute Hunan, geboren. Über seine Jugend, seine Erziehung und Lehrer ist nichts bekannt. Wir wissen nur, dass er wohl ein gebildeter Mann gewesen sein muss. Er selbst schrieb nur ein einziges Buch und auch das nicht ganz freiwillig ...

Als er sich nämlich ganz von der Welt in die Berge zurückziehen wollte, begegnete ihm an einem Gebirgspass der Grenzwächter Yin, der ihn aufforderte: »Meister, ich sehe, dass du in die Einsamkeit gehen willst – ich bitte dich, schreibe deine Gedanken für mich auf.« Laozi tat ihm, wenn auch mit wenig Begeisterung, den Gefallen und schrieb etwas über 5000 Schriftzeichen nieder. Dann zog er fort – und ward nicht mehr gesehen. Doch dieses eine Büchlein ist eines der größten Werke der Weltliteratur und wurde in über 130 Sprachen übersetzt – das Daodejing, das *Buch von der Wahren Kraft des Dao.*

Das Daodejing ist schwierig zu verstehen und noch schwerer zu übersetzen – das liegt einerseits an der chinesischen Sprache, andererseits in dem, was gesagt werden soll. Im Chinesischen kann beinahe jedes Wort beinahe jede Funktion haben: Ein Wort kann Hauptwort, Tätigkeitswort oder Eigenschaftswort sein; es kann viele verschiedene Bedeutungen haben, zum Teil Bedeutungen, die keine direkte Entsprechung in unserer Sprache haben; und, als ob das noch nicht genug wäre – es gibt keine Satzzeichen. Daher unterscheiden sich die vielen Übersetzungen enorm.

Der Kern jedoch ist klar. Es geht um zwei Dinge: Einmal natürlich um das Dao, das oft mit »Der Weg« übersetzt wird, das aber viel mehr meint – eine Übersetzung, die dem Begriff »Dao« wohl am ehesten gerecht wird, ist »Die Wirkungsweise der Natur«. Aber warum diesen Begriff überhaupt übersetzen? Schließlich geht es im Daodejing gerade darum, das Dao verständlich zu machen. Anders der zweite wichtige Begriff: »De«. Häufig wurde er mit »Tugend« übersetzt, was aber den Kern dessen, was gemeint ist, kaum trifft. Gemeint ist nämlich die eine

Kraft, die den Menschen oder Dingen zukommt, die eins mit dem Dao sind. Wir haben De daher mit »Wahre Kraft« (oder mitunter auch nur als »Kraft«) übersetzt.

Das Daodejing klingt oft ziemlich dunkel, geheimnisvoll und vielschichtig. Das sollte die Übersetzung möglichst nicht verändern. Die Worte sollen Bilder auslösen, denn eigentlich lässt sich eben nicht sagen, was das Dao ist. Aber uneigentlich lässt es sich sagen: durch Bilder, durch Gedichte, durch Gleichnisse.

Damit nicht zu viel im Dunkeln bleibt, haben wir jedes Kapitel mit einem kurzen Kommentar versehen, der einen Aspekt des Gesagten vielleicht ein wenig erhellt.

Das Daodejing hat viele Ebenen: Es ist ein Buch über das Dao, ein Buch über die rechte Lebensführung, die zu Zufriedenheit und Glück führt, ein Buch gegen Gewalt, Zerstörung und Überheblichkeit – und für Liebe, Einfachheit und Mitgefühl. Darüber hinaus ist es auch eine Anleitung für Lehrer, Herrscher und Feldherren. In erster Linie aber ist das Daodejing ein Werk, das Poesie und Philosophie vereint.

Buch 1: Dao – der Weg

Das aussprechbare Dao
ist nicht das unwandelbare Dao.
Der nennbare Name
ist nicht der unwandelbare Name.

Namenlos ist des Himmels und der Erde Anfang,
namengebend die Mutter der zehntausend Dinge.

Es ist so: Dem Blick ohne Begehren enthüllt sich das Innere;
dem Blick voller Begehren enthüllt sich die Begrenzung.
Beides ist eins, es trennt sie nur der Name,
zusammen sind sie das Tiefe.
Wo die Tiefe am tiefsten ist,
liegt das Tor zum großen Geheimnis.

Das Wesentliche ist nicht in Worte zu fassen. Was man über das Dao sagen kann, wird stets widersprüchlich und unvollständig scheinen. Um zur Erkenntnis zu gelangen, ist es wesentlich, die Begierde nach Erkenntnis abzulegen. Auch dies scheint bereits widersprüchlich: Dort, wo sich die Widersprüche auflösen, ist das Dao vollendet.

Wesentliches ist kaum sagbar. So ist es beispielsweise nur ansatzweise möglich, Gefühle durch Worte auszudrücken. Die Überbetonung der Rationalität führt oft auf Abwege. Wenn wir uns von den Fesseln des logischen Denkens befreien, werden wir leichter sein inneres Wesen erkennen. Wenn wir begehrlich auf etwas blicken, erkennen wir nur das Äußere.

Durch die Bestimmung des Schönen entsteht das Hässliche.
Durch die Bestimmung des Guten entsteht das Böse.

In der Tat: Sein und Nicht-Sein bedingen einander,
Schwer und Leicht ergänzen einander,
Lang und Kurz gestalten einander,
Hoch und Niedrig bezwingen einander,
Stimme und Klang stützen einander,
Vorher und Nachher folgen einander.

Daher auch der Weise: Er wirkt ohne zu handeln,
er lehrt ohne zu belehren.
Ohne Widerstand werden die zehntausend Dinge,
ohne Widerstand lässt er sie werden.
Er zeugt, doch besitzt nicht.
Er wirkt, doch verlangt nichts für sich.
Er vollendet, doch nimmt nichts mit.
Und weil er nichts nimmt, verliert er nichts.

Durch die Benennung der Unterschiede entsteht erst die Trennung. Daher ist es sinnvoll, das Benennen so weit wie möglich zu vermeiden. Die Wurzel der Trennung ist das Begehren, das zwischen Begehrenswertem und nicht Begehrenswertem unterscheidet.

Es wird niemals einen Vorteil bringen, die Dinge in Schubladen einzuordnen, denn dadurch verliert man den Blick auf ihre Besonderheiten. Ist es nicht eine Befreiung zu wissen, dass alles stets durch sein Gegenteil bedingt ist?

Achtet die Tüchtigen nicht,
so wird es keinen Streit geben im Volk.
Schätzt die Kostbarkeiten nicht,
so wird es keine Diebe geben im Volk.
Zeigt das Begehrenswerte nicht,
so wird es keine Verwirrung geben im Herzen des Volkes.

Daher herrscht der Weise derart:
Er leert den Sinn,
er füllt den Bauch,
er festigt die Knochen,
er schwächt das Wollen.

Die Menschen ohne Schlauheit und Begierde,
die Klugen ohne Mut zum Handeln –
durch Nicht-Tun entsteht die Ordnung.

Es führt nur zu Streit, wenn Menschen aufgrund dessen, was sie nun einmal sind, bevorzugt werden. Ebenso ist es mit Dingen. Denn eine derartige Bevorzugung weckt Begierde. Begierde aber führt immer zu Aggression.

Die vielen Dinge, denen wir nachjagen, bringen uns kaum unserem Glück näher. Es ist in aller Regel besser, in den Lauf der Dinge nicht einzugreifen und sie mit innerer Ruhe zu betrachten. Kopfloses Handeln führt ins Chaos und kopfbetontes Handeln geht am Wesentlichen vorbei.

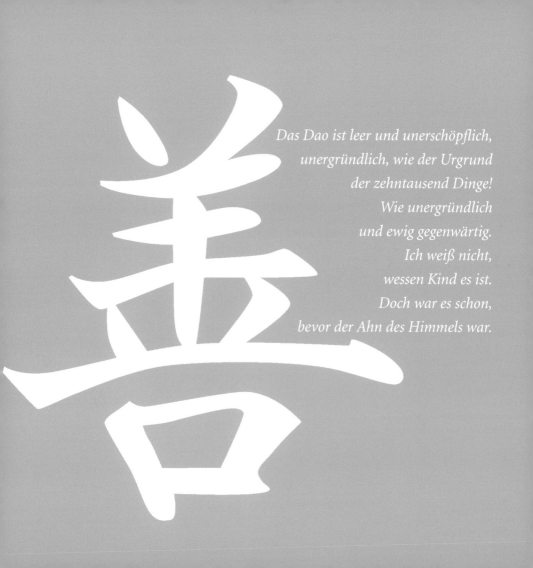

*Das Dao ist leer und unerschöpflich,
unergründlich, wie der Urgrund
der zehntausend Dinge!
Wie unergründlich
und ewig gegenwärtig.
Ich weiß nicht,
wessen Kind es ist.
Doch war es schon,
bevor der Ahn des Himmels war.*

Was ist das Dao? Es ist nicht zu definieren. Wo wir versuchen es zu fassen, entschlüpft es uns. Durch Bilder können wir uns dem Verständnis des Dao nähern. Aber sobald wir diese Bilder mit dem Verstand untersuchen, erscheinen sie uns widersprüchlich. Das Dao ist leer und unerschöpflich. Wie ist das zu verstehen? Indem wir das Begehren nach Verstehen ablegen.

Wenig Sinn hat es, alles und jedes in Begriffe fassen zu wollen. Die Dinge sind keine Begriffe: Liebe ist Liebe und nicht das Wort »Liebe«, das Dao ist das Dao.

Himmel und Erde wissen nicht von Güte.
Die zehntausend Dinge sind für sie billige Opfergaben.
Die Weisen wissen nicht von Güte.
Die Menschen sind für sie billige Opfergaben.

Himmel und Erde:
der Zwischenraum wie ein Blasebalg.
Die Leere fällt nicht zusammen.
Die Bewegung bringt hervor.

Doch zu viel Reden erschöpft sich selbst.
Besser ist es, das Innere zu bewahren.

Für den reifen Menschen ist Güte und Mitgefühl etwas so Selbstverständliches, dass er, obwohl er gütig und mitfühlend ist, dies überhaupt nicht als etwas Besonderes wahrnimmt. Das ist es auch nicht: Denn die Güte und das Mitgefühl entspringen ganz natürlich der Weisheit und Reife – es ist kein willentliches Zutun vonnöten.

Menschen, die sich darum bemühen, gütig und mitfühlend zu erscheinen, bemühen sich meist mehr um das Scheinen als das Sein. Aufrichtiges Handeln geschieht stets wie von selbst, wie das Atmen. Was nicht natürlich geschieht, strengt an, und was anstrengt, ist nicht natürlich.

Insbesondere hat es wenig Sinn, über gute Taten, über sein Mitgefühl mit anderen, über das, was man anstrebt, große Reden zu halten. Viele Worte rauben Taten Energie.

*Das Unsterbliche am Grunde des Tales
ist als das Dunkel-Weibliche bekannt.
Und das Tor zum Dunkel-Weiblichen
ist der Quell von Himmel und Erde.*

*An jedem Ort, zu jeder Zeit
wirkt es mühelos.*

Das Dunkle und Weibliche sind Symbole für das lebenserhaltende Prinzip, die Kraft, die das Leben erhält und nährt. In der chinesischen Philosophie heißt dieses Prinzip Yin, der Gegenpol zu Yang, dem aktiven, schöpferischen Prinzip. Yin ist im Gegensatz zu Yang passiv und aufnehmend.

Das »Tor zum Dunkel-Weiblichen« steht für die Erkenntnis, dass erst durch die Verbindung des aktiven Handelns mit der ruhigen, empfangenden Gelassenheit die Verwirklichung eines sinnvollen Seins möglich wird.

Das Dao ist die Harmonie zwischen Yin und Yang. Handelt man gemäß dem Dao und geht den Mittelweg zwischen Handeln und achtsamem Beobachten, wird alles, was man tut, mühelos gelingen.

Der Himmel ist ewig, die Erde ist immer.
Immer und ewig sind sie,
weil sie nicht um ihrer selbst willen wirken.
Das macht sie unsterblich.

Daher der Weise:
Er stellt sein Selbst hintan
und steht ganz vorn.
Er bewahrt sein Selbst nicht
und bleibt ganz erhalten.

Denn ohne Eigensucht
kann er das Seine vollenden.

Sobald man sich selbst in den Mittelpunkt der Welt stellt und aus egoistischen Motiven handelt, wird einem alles, was man unternimmt, schwer fallen, da man nicht im Einklang mit der Natur handelt. Paradoxerweise wird derjenige, der nicht für sich wirkt, viel mehr für sich erreichen als der Egoist. Der zu sehr auf das Selbst fixierte Blick macht blind für Zusammenhänge und das große Gesamtbild.

Jeder Mensch steht ohnehin im Mittelpunkt seiner Welt – verharrt er in diesem Blickwinkel, entgeht ihm vieles, was ihm selbst letztlich zugute kommen könnte.

Höchste Güte gleicht dem Wasser:
Es nützt allen Wesen und kämpft mit keinem.
Es füllt die verachteten Niederungen
und gleicht so dem Dao.

Beim Wohnen zeigt sich die Güte in der Wahl des Ortes,
Beim Geist zeigt sich die Güte in der Tiefe,
Beim Geben zeigt sich die Güte in der Liebe,
Beim Sprechen zeigt sich die Güte in der Wahrheit,
Beim Führen zeigt sich die Güte in der Ordnung,
Beim Werk zeigt sich die Güte in der Fähigkeit,
Beim Bewegen zeigt sich die Güte in der rechten Zeit.

Wie das Wasser – ohne Kampf, ohne Leid.

Derjenige, der vom Dao durchdrungen ist, ist, ohne dass er sich darum bemühen würde, erfolgreich. Er gleicht dem Wasser darin, dass er stets das tut, was notwendig ist, ohne dabei seinen Willen einsetzen zu müssen: Sein Wollen und das, was ihm natürlich ist, sind in vollkommenem Einklang.

Das Wasser fließt hinunter und treibt dabei Mühlen an, trägt Schiffe, bewässert Felder, ohne dass es all das absichtsvoll täte. Genauso sollte auch der Mensch, der dem Dao folgt, sein – nach seiner Natur leben und dabei von selbst, anstrengungslos Gutes vollbringen.

Besser zur rechten Zeit loslassen,
als das Maß übervoll zu machen.

Die immerfort geschliffene Klinge
ist nur von kurzer Dauer.
Der mit Gold und Jade übervolle Saal
ist nur kurze Zeit zu schützen.
Der mit Stolz gepaarte Reichtum und Glanz
ist nur kurze Zeit frei von Unglück.

Das tun, was zu tun ist und sich dann zurückziehen:
Das ist der Weg des Himmels.

Eines der größten Übel ist die Gier, immer mehr zu haben, zu besitzen, zu gelten. All dies Streben nach immer mehr führt letztendlich unweigerlich zum Scheitern. Vor allem dann, wenn man sein Herz an seinen Besitz, an sein Ansehen oder seine Taten hängt, wird man unweigerlich früher oder später leidvolle Erfahrungen machen.

Eines der Geheimnisse der Zufriedenheit ist das Wissen darum, wann man aufhören sollte. Das gilt sowohl für materielle Güter als auch für Leistungen. Ganz zu Recht heißt es, man solle aufhören, wenn es am schönsten ist.

Ohne Geschäftigkeit, eins mit dem einen:
Kann sich der Geist dann noch zerstreuen?
Den Atem sammeln, beweglich und biegsam:
Kann nicht das Kindsein dann wiederkehren?
Die Einsicht klären, das Tiefe zu schauen:
Kann man sich nicht vom Irrtum befreien?
Die Menschen lieben, den Staat ordnen:
Kann das nicht ohne Wissen gelingen?
Das Himmelstor öffnen und schließen:
Kann das ohne das Weibliche geschehen?
Die Klarheit, die alles erleuchtet:
Kann sie dies nicht ohne Tätigkeit?

Der Weise lässt die Dinge wachsen und werden,
lässt sie wachsen und besitzt sie nicht,
handelt ohne zu erwarten,
lenkt ohne zu herrschen.
Das heißt Verborgene Kraft.

Viele Menschen, auch diejenigen mit durchaus guten Absichten, glauben, immer geschäftig sein zu müssen – um etwas zu leisten, um etwas zu bewirken oder gar um die Welt zu verbessern. Doch all diese Geschäftigkeit ist im Weltgefüge nur ein sinn- und zielloses Hin und Her. Um Zusammenhänge und das Gesamtbild zu erkennen, bedarf es weder hektischer Umtriebigkeit noch auswendig gelerntem Wissen – Achtsamkeit, Bewusstheit und Beobachtung führen weiter.

Dreißig Speichen um die Nabe:
Das, was nicht ist, macht den Nutzen des Rades.

Tonschlamm formt den Krug:
Das, was nicht ist, macht den Nutzen des Kruges.

Fenster und Türen durchbrechen den Raum:
Das, was nicht ist, macht den Nutzen des Raumes.

Daher liegt der Gewinn durch das, was ist
in dem, was nicht ist.

Es ist ein großer Fortschritt in der Erkenntnis, wenn man begreift, dass nicht nur die Dinge, die sind, getan werden oder entstehen, die Welt formen und Nutzen bringen, sondern ebenso das, was nicht ist, unterlassen wird oder nicht entsteht. Die Dinge, die sind und die nicht sind, ergänzen einander. Nicht zu handeln kann ebenso oft sinnvoll sein, als zu handeln. Tun ist nicht prinzipiell besser als Nicht-Tun – im Gegenteil: Unüberlegtes Handeln ist in aller Regel schlechter als Nicht-Handeln. Ebenso ist es mit materiellen Dingen: Etwas nicht zu besitzen kann oft bereichernder sein, als es zu haben, denn jeder Besitz bringt Verantwortung, Sorgen und Angst vor Verlust mit sich.

Die Fünf Farben machen das Auge blind,
die Fünf Töne machen das Ohr taub,
die Fünf Geschmacksrichtungen machen den Gaumen unempfindlich.
Rennen und Jagen machen den Geist wirr.
Wertvolle Güter machen die Menschen verrückt.

Daher sorgt der Weise sich um seine Mitte,
nicht um das Äußere.
Wie er das eine verwirft, gewinnt er das andere.

Alle äußeren Reize dienen kurzfristigem Vergnügen. Solange einem klar ist, dass das Äußere nichts weiter bietet, ist nichts daran auszusetzen, sich auch zu vergnügen. Natürlich ist nichts verkehrt daran, schöne Dinge zu betrachten, gute Musik zu hören, leckere Speisen zu essen, an Spiel und Sport seine Freude zu haben oder sich auch den ein oder anderen Luxus zu gönnen. Werden diese Dinge jedoch zum Hauptzweck des Lebens, lebt man am Wesentlichen vorbei und wird niemals zu innerer Zufriedenheit und Glück finden. Diese Dinge sind nur in unserem Inneren zu finden.

Gnade und Ungnade – beide machen Angst.
Von Übel ist die Verehrung des Selbst.

Warum sage ich: Gnade und Ungnade – beide machen Angst?
Gnade richtet sich auf den Geringen,
der Angst hat, sie zu empfangen, der Angst hat, sie zu verlieren.
Darum sage ich: Gnade und Ungnade – beide machen Angst.

Warum sage ich: Von Übel ist die Verehrung des Selbst?
Ein Übel erfahre ich nur durch mein Selbst.
Frei vom Selbst – welches Übel könnte mich da treffen?

Daher: Wer die Welt zu seinem Selbst macht, soll sie haben.
Wer die Welt als sein Selbst liebt, dem kann man sie anvertrauen.

Die üblichen Wertvorstellungen gehen am Wesentlichen vorbei. Stets sind sie nur Ausdruck der eigenen begrenzten Sichtweise. Sobald es einem gelingt, aufzuhören, ständig um sich selbst zu kreisen und statt dessen sein Bewusstsein zu erweitern, so dass es die Welt umfasst, wird man frei von Leid sein und auch kein Unglück in die Welt bringen.
Um sein Bewusstsein weit werden zu lassen, ist keine große Disziplin oder meditative Versenkung notwendig. Es genügt schon, die ständig um die eigene Person, die eigenen Vorurteile und Wünsche kreisenden Gedanken mit einem inneren Lächeln loszulassen.

Der Blick erblickt es nicht: Sein Name ist Ohnegestalt.
Das Gehör hört es nicht: Sein Name ist Ohneton.
Die Hand greift es nicht: Sein Name ist Ohneraum.
Ununterscheidbar sind dem Verstand die drei,
so verschmelzen sie denn zu dem Einen.
Oben ohne Licht,
unten ohne Dunkel: Endlos strömt das Namenlose ins Nichts.

Daher nenne ich es: Gestalt des Ungestalteten, Wesen des Wesenlosen.
Daher nennt man es: formlos und nebelhaft.
Von vorne sieht man nicht seinen Anfang,
von hinten nicht sein Ende.

Halte dich an das Dao der Alten,
um das Junge zu leiten.
Erkenne den Urgrund.
Das nenne ich den Inbegriff des Dao.

Das Dao ist mit dem rationalen Verstand nicht erfassbar. Das bedeutet jedoch nicht, dass man es überhaupt nicht erfassen kann: Durch Bilder, Poesie oder meditative Naturbetrachtung gelingt das sogar leicht. Alles Reden über das Wesentliche führt in die Irre, wenn man die Worte wörtlich nimmt und nicht bildlich. Die Worte, mit denen man das Dao, den Lebenssinn, die Naturkraft usw. beschreibt, müssen widersprüchlich wirken, wenn sie treffend sein sollen. Sind sie eindeutig und klar, erfassen sie nicht das Eigentliche. Es ist wichtig, das rationale Denken auch dann und wann loslassen zu können.

Die großen alten Meister des Dao:
durchdringender Geist, geheimnisvolle Intuition.
Tief, so tief, unbegreiflich tief.
Und da sie unbegreiflich sind,
kann ich nur ihr Tun beschreiben:
zögernd, wie beim Durchschreiten eines Winterflusses,
achtsam, wie aus Rücksicht gegenüber den Nachbarn,
zurückhaltend, wie als Gast einer Gesellschaft,
vorsichtig, wie beim Überschreiten schmelzenden Eises,
schlicht, wie ein unbehauenes Holzscheit,
weit, wie ein weites Tal,
undurchdringlich, wie tiefes Wasser.

Wer vermag ruhig zu warten, bis sich das Trübe geklärt hat,
wer vermag bedachtsam sich regen, bis das Dauerhafte wächst?
Jene, die das Dao der Alten bewahren, begehren nicht im Übermaß.
Wer nicht im Übermaß begehrt,
kann ohne sich zu erneuern Vollendung erreichen.

Der Weg zur wahren Zufriedenheit, zu Erfolg und Gelassenheit kann nicht wie ein Weg auf einer Landkarte eindeutig klar beschrieben werden. Doch er hat einige wichtige Merkmale, die ihn kennzeichnen: Achtsamkeit, Bescheidenheit, Einfachheit und Offenheit. Wenn wir uns daran halten, wird uns alles, was wir unternehmen, einfacher fallen. So kommen wir leichter in Einklang mit dem Dao, mit unserer wahren Natur.

Die Vollkommenheit der Leere erreichen,
die Fülle der Ruhe bewahren,
die zehntausend Dinge werden lassen:
Auf diese Weise erkenne ich den ewigen Wandel.

So vielfältig die zehntausend Dinge auch sind,
ein jedes kehrt zurück zum Ursprung.
Zum Ursprung zurückkehren heißt, vollkommenen Einklang finden.
Vollkommenen Einklang finden heißt, seine Bestimmung erkennen.
Seine Bestimmung erkennen heißt, Unsterblichkeit erlangen.
Unsterblichkeit erlangen heißt, wahre Einsicht gewinnen.
Wer nicht Unsterblichkeit erlangt, wirkt blind und sinnlos Unheil.
Wer Unsterblichkeit erlangt, bewahrt Geduld,
wer Geduld bewahrt, übt Gerechtigkeit,
wer Gerechtigkeit übt, ist dem Himmel ähnlich,
wer dem Himmel ähnlich ist, wird eins mit dem Dao.

Unsterblich im Dao: gefahrlos in die Tiefe dringen.

Hinter der Vielfalt der einzelnen Erscheinungen der Welt steht letztlich Eines – dieses Eine, das Dao, ist jedoch unfassbar und nicht logisch zu erklären. Daher kommen wir nur in Einklang mit dem Dao, wenn wir unseren Geist der Vielfalt öffnen, ohne Hektik, sondern mit Geduld vorgehen, nicht mit vorgefassten Ansichten, sondern mit Unvoreingenommenheit in die Welt blicken.

Der große Herrscher bleibt fast unbemerkt,
ein geringerer Herrscher geliebt und verehrt,
ein noch geringerer Herrscher wird gefürchtet,
und ein noch geringerer als dieser verlacht.

Wer nicht vertraut,
dem kann man nicht vertrauen.
Der wahre Herrscher achtet nicht auf Worte.
Er vollbringt seine Taten:
und wie von selbst getan erscheinen sie den Menschen.

Je mehr man sich in Geschäftigkeit verstrickt und versucht, die Welt zu lenken, desto eher wird man versagen. Das liegt daran, dass die Zusammenhänge und Wechselbeziehungen in der Welt von unserem begrenzten Verstand nicht durchschaubar oder gar steuerbar sind. Kleine Taten zum rechten Zeitpunkt und nach gründlicher Beobachtung und Überlegung, mit Bedachtsamkeit ausgeführt, können große und positive Wirkungen haben.

Vergessen wurde das große Dao:
So entstanden Sitte und Moral.
Hinzu kamen Klugheit und Schlauheit:
So entstand die große Heuchelei.
Gebrochen ward der Einklang der Familie:
So entstanden Ehrfurcht und Pflichtgefühl.
Im Aufruhr lag der Staat zerrüttet:
So entstanden neue Patrioten.

Die ganzen Gedankengebäude und Konstruktionen, die sich die Menschen schaffen, sind allesamt nur ein dürftiger Ersatz für die Natürlichkeit. Wozu brauchten Menschen Moralbegriffe, wenn sie sich nicht schon von ihrer eigenen Natur weit entfernt hätten? Ein in sich ruhender, zufriedener Mensch braucht keine Sitte und Moral – er wird ohnehin niemals das Bedürfnis verspüren, seinen Mitmenschen zu schaden, nichts wird ihm ferner liegen, als Kriege anzuzetteln, Wälder abzuholzen, Luft und Wasser zu vergiften oder anderen seine Meinung aufzudrängen.

Legt ab die Heiligkeit, befreit euch vom Wissen,
so wird den Menschen hundertfacher Nutzen.
Legt ab die Güte, befreit euch von der Moral,
so werden die Menschen sich natürlich lieben.
Legt ab die Geschicklichkeit, befreit euch von Gewinnsucht,
so wird es keine Diebe geben.

Wenn dieser dreifache Rat nicht genügen will,
so haltet euch an dieses:
Schlicht wie ein unbehauenes Holzscheit werden,
die Selbstbezogenheit mindern und wenig begehren.

Verwirf das Gelernte und du wirst frei von Sorgen sein.

Die Werte, die in der Gesellschaft viel gelten, wie Tugendhaftigkeit, Gelehrtheit, Güte, Geschicklichkeit usw. sind alle zwar auf den ersten Blick positiv – aber warum müssen diese Werte als Verhaltensnormen aufgestellt werden? Doch nur, weil sich die Menschen auf vielfältige Abwege begeben und nicht ihre wahren Bedürfnisse und ihr eigentliches Wesen verwirklichen.

Finden wir zur Natürlichkeit und Einfachheit zurück, braucht es die Forderungen nach Tugendhaftigkeit, Gelehrsamkeit, Güte oder Geschicklichkeit nicht: Ein jeder tut das, was ihm gemäß ist, und es gibt keine Notwendigkeit, Menschen zu einem Verhalten anzuhalten, das sie nicht von sich aus an den Tag legen.

*Zustimmung und Kriecherei – ist
da ein großer Unterschied?
Gut und Böse – ist da ein großer
Unterschied?
Einer soll das ehren, was alle ehren?
Wie unsinnig, wie unbedacht!*

*Die Menge tummelt sich
ausgelassen,
als gäbe es ein großes Opfer,
als zögen sie zum Frühlingsfest.
Ich hingegen ruhe still und
unberührt,
gleich einem kleinen Kind, das noch
nichts weiß,
gleich einem, der nicht weiß, wo
seine Heimat liegt.
Die Menschen besitzen mehr, als sie
brauchen,*

*ich hingegen verschwende all
meinen Besitz,
habe das leere Bewusstsein des
Narren.*

*Die Menschen sind hell und
klar,
ich hingegen dunkel und verworren.
Die Menschen sind schlau und
gerissen,
ich hingegen dumm und einfältig,
unruhig wie das Meer,
ziellos wie der Wind.*

*Die Menschen haben ihren Nutzen,
ich hingegen bin nutzlos.
Ich bin anders als die anderen:
Doch die große Mutter nährt mich.*

Immer wieder wird versucht, die Menschen gleichzumachen – in politischen System, in Religionen, durch Sitten und Gebräuche und gesellschaftliche Zwänge. Nun sind aber die Menschen verschieden; wenn alle dasselbe tun oder denken sollen, werden die meisten darunter leiden.

Die Gleichmacherei beruft sich meist auf Nützlichkeit. Doch was ist so gut daran, nützlich zu sein? Ein gerade gewachsener Baum mit gutem Holz wird gefällt, weil er nützlich ist. Die verwachsene, krumme Bergkiefer dagegen hat keinen Nutzen und kann daher ungestört leben.

Die große Wahre Kraft
folgt immer dem Dao.

Das Dao wirkt wie ein Wesen,
doch gestaltlos und ungreifbar.
Gestaltlos und ungreifbar:
und doch sind in ihm alle Bilder.
Gestaltlos und ungreifbar:
und doch sind in ihm alle Wesen.
Dunkel und unergründlich:
und doch ist in ihm alle Energie.
Die Energie ist Wirklichkeit,
sein Zentrum ist Wahrheit.

Aus alter Zeit
wurde sein Name überliefert:
er war der Anfang aller Dinge.
Woher weiß ich denn,
dass er der Anfang aller Dinge
war,
wenn nicht dadurch?

Die Wahre Kraft ist ein Geheimnis des Dao. Einem Menschen, der dem Dao folgt, wird vieles möglich, was andere für unmöglich halten. Doch was ist das Dao? Immer wieder wird diese Frage gestellt – doch sie ist nicht wirklich zu beantworten. Einerseits ist das Dao die Natur; doch sie wirkt mitunter wie ein Lebewesen mit einem eigenen Willen. Und doch ist dieses Wesen unfassbar – aber es umfasst alle Dinge und alles Sein.

Im Unterwerfen sich ganz
bewahren,
im Sich-Beugen gerade halten,
in der Leere Fülle haben,
in der Erschöpfung sich erfrischen,
in der Armut empfangen,
im Überfluss verströmen.

So ist der Weise, der dem Dao folgt,
und wird dem Volk zum Vorbild.
Er will nicht glänzen und wird
erleuchtet,
er will nicht richten und wird zum
Richtmaß,
er rühmt sich nicht und wird zum
Helden,
er stellt sich selbst zurück und wird
erwählt.

Weil er sich mit niemandem misst,
kann sich keiner mit ihm messen.

Wenn es in alter Zeit hieß: ›Im
Unterwerfen sich ganz bewahren‹,
waren das wahrhaftig keine leeren
Worte.
Wer sich ganz bewahrt,
erlangt Vollkommenheit.

Man kann bei allem, was man tut, man selbst bleiben – dann wird man stets das Angemessene tun, ohne sich dabei zu verbiegen. Sobald man damit beginnt, sinnlose Wettkämpfe mit anderen auszutragen, um seinem Selbst zu schmeicheln oder Vorteile zu erlangen, wird man in den Strudel verderblicher Geschäftigkeit gezogen.

Die Natur macht nicht viele
Worte:
Ein Wirbelwind dauert nicht den
ganzen Morgen,
ein Regenguss dauert nicht den
ganzen Tag.

Wer aber macht Wirbelwind und
Regenguss?
Himmel und Erde.
Wenn nun Himmel und Erde
ihnen nicht Dauer verleihen:
Um wie viel weniger vermögen es
die Menschen?

Wer indes dem Dao folgt,
wird eins mit dem Dao.
Wer der Wahren Kraft folgt,
wird eins mit der Wahren Kraft.
Wer beide verliert,
wird eins mit dem Verlust.

Wer eins wird mit dem Dao,
zu dem kommt das Dao.
Wer eins wird mit der Kraft,
zu dem kommt die Kraft.
Wer eins wird mit dem Verlust,
zu dem kommt Verlust.

Alles ist in stetem Wandel begriffen – das können wir aus der Beobachtung der Natur lernen. Welche Vermessenheit ist es, wenn Menschen annehmen, sie können etwas Unbewegtes und Dauerhaftes schaffen!

Eine ganz andere Art von Unveränderlichkeit entsteht, wenn man dem Dao folgt: ein dynamisches Gleichgewicht. Wer dem Dao folgt, dem gelingt das, was er tut, weil er es im Einklang mit seiner Natur tut. Wer hingegen Angst vor Verlust hat und stets versucht, das Bestehende zu festigen, wird Verlust erfahren.

Auf Zehenspitzen steht man nicht sicher.
Mit gespreizten Beinen geht man nicht weit.
Zur Schau sich stellend wird man übersehen.
Im Rechthabenwollen wird man überhört.
Mit Eigenlob kann man keine Heldentaten belegen.
Durch Prahlerei wird man nicht aufsteigen.

Was das Dao angeht, bedeutet das:
sich voll stopfen, statt zu essen,
wie ein Pfau schreiten, statt zu gehen,
das ist doch allen Wesen zuwider.
Wer also dem Dao folgt,
nimmt davon Abstand.

Es entsteht nur selten etwas Gutes daraus, wenn man sich selbst in den Mittelpunkt stellt, seine Taten selbst lobt und als etwas Besonderes gelten will. Anstatt die Bewunderung der anderen Menschen wird man viel eher erreichen, dass sie einen verachten und dementsprechend behandeln.

Überhaupt ist es von Nachteil, sein Selbst zu sehr zu beachten: Wer sich im Übermaß den Bauch füllt, wird träge, fett und krank; wer sein Äußeres im Übermaß zur Schau stellt, wird eitel und leidet darunter, dass er älter wird; wer seinen Geist mit Wissen im Übermaß füllt, wird eingebildet und verliert den Blick für das Wesentliche und das Mitgefühl mit den einfachen Menschen.

*Es gibt etwas, das vor dem
Urzustand war,
noch früher als Himmel und Erde,
so still, so weit,
so in sich ruhend, unwandelbar,
so unermüdlich kreisend.
Die Urmutter kann man es
nennen.
Doch kenne ich seinen Namen
nicht,
ich sage: Dao.
Und wenn ich es beschreiben muss,
nenne ich es: groß.*

*Groß, weil es ewig fließend ist,
ewig fließend, weil es sich stets
entzieht,
und weil es sich stets entzieht,
kehrt es stets zurück.*

*Daher ist das Dao groß,
daher ist der Himmel groß,
daher ist die Erde groß.
Auch das Edle Bewusstsein ist
groß.
Es gibt vier große Dinge
und eines davon ist das Edle
Bewusstsein.
Der Mensch folgt der Erde,
die Erde dem Himmel,
der Himmel dem Dao.
Das Dao sich selbst.*

Dem Dao nähern kann man sich nur in der Versenkung, durch intuitives Verstehen und durch Bilder. Auch Worte können Bilder sein – nur darf man die Worte nicht allzu wörtlich nehmen, sondern muss sie auf sich wirken lassen.

Das menschliche Bewusstsein ist etwas Großartiges, wenn es alle seine Möglichkeiten nutzt und sich nicht allein auf die Rationalität beschränkt.

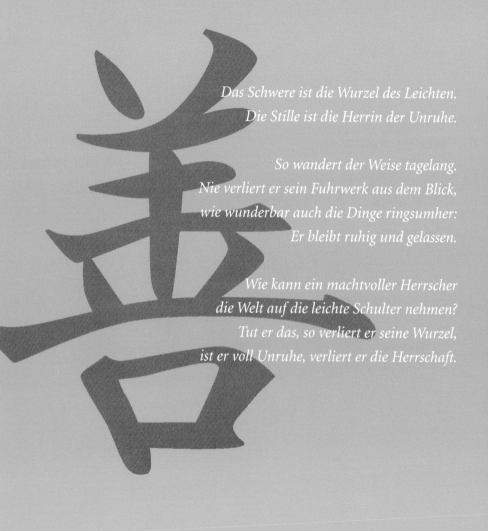

Das Schwere ist die Wurzel des Leichten.
Die Stille ist die Herrin der Unruhe.

So wandert der Weise tagelang.
Nie verliert er sein Fuhrwerk aus dem Blick,
wie wunderbar auch die Dinge ringsumher:
Er bleibt ruhig und gelassen.

Wie kann ein machtvoller Herrscher
die Welt auf die leichte Schulter nehmen?
Tut er das, so verliert er seine Wurzel,
ist er voll Unruhe, verliert er die Herrschaft.

Menschen neigen leicht dazu, dogmatisch zu sein und die Welt in Schwarz und Weiß, in Gut und Böse, in Richtig und Falsch aufzuteilen. Dadurch können sie aber nur einen Bruchteil des Wirklichen erkennen und schränken sich selbst ein. Auch der »Goldene Mittelweg« kann zu einem Dogma werden – manchmal ist auch die Mitte ein Extrem, wie ein Berggipfel zwischen zwei Tälern.

Es ist eben nicht leicht in Worte zu fassen. Es gibt keine »Patentrezepte« für das richtige, dem Dao gemäße Handeln. Offenheit allem gegenüber, Flexibilität und geistige Beweglichkeit lassen einen den besten Weg erkennen.

Gut wandern heißt, keine Spuren
hinterlassen.
Gut reden heißt, sich nicht
versprechen.
Gut rechnen heißt, ohne
Rechentafel auskommen.
Gut schließen heißt, ohne Riegel
verschlossen bleiben.
Gut fesseln heißt, ohne Strick
unlösbar binden.

So kümmert sich der Edle Mensch
um die anderen,
keiner ist ihm gleichgültig.
So kümmert sich der Edle Mensch
um die Dinge,
keines ist ihm gleichgültig.
Dies nennt man: zweifache
Erleuchtung.

Der Gute ist der Meister des
Unguten,
der Ungute ist eine Übung für den
Guten.

Wer seinen Lehrer nicht achtet,
wer seine Übung nicht liebt,
wird trotz Klugheit sich verirren.

Das nenne ich: Wesentliches
Geheimnis.

Gelassenheit ist nicht dasselbe wie Gleichgültigkeit. Alles hat seinen eigenen Wert – wenn man das erkennt, wird man allem mit Liebe begegnen können. Zunächst ist es ja nur natürlich, dass man den Dingen, die einem nicht gleichgültig sind, nicht völlig gelassen gegenüberstehen kann. Doch das eine hat nicht unbedingt etwas mit dem anderen zu tun. Wenn man gelassen bleibt, ist es überhaupt erst möglich, alle Dinge mit Liebe zu betrachten.

Um das Männliche wissen,
das Weibliche bewahren:
So wirst du zum Strom der Welt.
Wirst zum Strom der Welt,
den nie die Wahre Kraft verlässt:
Heimfinden in die Kindheit.

Um das Lichte wissen,
das Dunkle bewahren:
So wirst du zum Maß der Welt.
Wirst zum Maß der Welt,
das nie die Wahre Kraft verlässt:
Heimfinden zur Unendlichkeit.

Um das Ruhmvolle wissen,
das Ungerühmte bewahren:
So wirst du zum Blütental der
Welt.
Wirst zum Blütental der Welt,
das immer voll der Wahren Kraft:
Heimfinden zum Einfachen.

Das Einfache zerteilt,
wird zum Werkzeug.
Der Weise gebraucht es
zum Nutzen des Volkes.
In der Tat:
Das Große braucht keine
Zerteilung.

Alles hat zwei Seiten und kann völlig unterschiedlich gesehen werden. Eine einseitige Betrachtungsweise wird jedoch selten etwas Positives bewirken – weitaus besser ist es, stets das Ganze im Auge zu behalten. Gerade bei den Dingen, von denen man eine bestimmte Meinung hat, an die man glaubt, die einem als selbstverständlich erscheinen, wird man viel gewinnen können, wenn man versucht, sie von einem ganz anderen Standpunkt aus zu betrachten. Wenn es einem gelingt, das Ganze wirklich zu sehen, so wird man schnell erkennen, dass schon die Unterscheidung in zwei Seiten etwas sehr Künstliches hat – sie ist nur ein unzureichendes Hilfsmittel für die Menschen, die es nach Ordnung und Unterscheidung verlangt. Das Überwinden der Unterscheidung aber führt zur wahren Erkenntnis.

Will einer die Welt erobern und lenken,
dem sage ich: Du mühst dich vergebens!

Die Welt ist von Geist durchwebt,
sie bedarf nicht der Lenkung.
Wer in ihren Lauf eingreift, zerstört sie.
Wer sie erobern will, verliert sie.

So ist die Welt:
Manche führen, manche folgen.
Manche sind laut, manche still.
Manche sind stark, manche schwach.
Manche erschaffen, manche zerstören.

Daher verwirft der Weise
das Übergroße,
das Überflüssige,
das Übermäßige.

Der Glaube, dass man ständig in den Lauf der Dinge eingreifen muss, um das Beste herbeizuführen, führt nur in die Irre. Die Konsequenzen unserer Handlungen sind ja letztendlich gar nicht vorhersehbar – ebenso oft wie Gutes, kann Schlechtes daraus entstehen. Der, der dem Dao folgt, greift so wenig wie möglich in das natürliche Geschehen ein, bleibt still und gelassen und hält sich von Extremen fern – so gelingt ihm alles wie von selbst.

Wer dem Herrscher dient im Sinne
des Dao,
wird nicht raten, Gehorsam mit
Waffen zu erzwingen,
denn nur zu leicht fällt der Schlag
auf den Schlagenden zurück.

Wo das Heer einst stand,
wuchern nunmehr Dornen,
denn hinter einem großen Heer
zieht der Hunger durchs Land.

Der Edle Mensch sucht die
Entscheidung – und damit genug.
Er begehrt nicht, bei der Gewalt zu
verweilen.
Er siegt, ohne zu prahlen.
Er siegt, ohne zu fordern.
Er siegt, ohne sich zu brüsten.
Nur weil er nicht anders kann,
siegt er,
nicht um einen Sieg zu erringen.

Die Gewalt des Starken gegen den
Schwachen
entspricht nicht dem Dao.
Was nicht dem Dao entspricht,
endet früh.

Gewalt, zumal deren übelste Spielart, der Krieg, zieht stets Leid und Unglück nach sich. Nun mag es Situationen geben, in denen Gewalt sich als notwendig und unabwendbar erweist – wenn diese Situationen auch wesentlich seltener sind, als gemeinhin angenommen wird. Doch wenn dies einmal der Fall ist, muss getan werden, was getan werden muss – aber auch nicht mehr als das. Ein Sieg kann niemals ein Triumph oder ein Anlass zur Freude sein.

Waffen sind üble Werkzeuge,
je besser sie sind, desto übler,
verhasste Unheilsbringer.

Wer dem Dao folgt, wendet sich von ihnen ab.
Der Edle Mensch: Im Frieden ehrt er die friedliche Linke,
nur wenn er die Waffe braucht, ehrt er die kämpferische Rechte.
Waffen sind üble Werkzeuge,
kein Werkzeug des Edlen Menschen.
Wenn Waffen unvermeidlich sind,
bleibt der Edle Mensch zurückhaltend.
Der Sieg ist ihm kein Grund zur lauten Freude,
denn wer sich des Sieges freut,
freut sich am Morden.
Wer sich aber am Morden erfreut,
wird nie sein Ziel erreichen.

Wozu dienen Waffen, denn zum Töten und Leid zufügen? Auch »Verteidigungswaffen« sind zumeist Mordwerkzeuge. Wenn es einmal tatsächlich nicht anders geht, als Waffen zu gebrauchen (aber wann ist das schon der Fall?), sollten sie so vorsichtig und so wenig wie möglich eingesetzt werden. Die Freude an Waffen zieht die Freude am Gebrauch der Waffen, die Freude am Gebrauch von Waffen die Freude am Töten nach sich. Über einen mit Waffen errungenen Sieg zu jubeln heißt, sich an Schmerz, Tod und Leid freuen. Wie kann das gut sein?

Ewig ist das Dao, namenlos.
Einfach wie ein rohes Holzscheit –
und doch:
nichts in der Welt kann es
beherrschen.

Mit den Bezeichnungen kommt
die Spaltung.
Entstehen Bezeichnungen, so halte
ein.
Wer einzuhalten weiß, kommt
nicht in Gefahr.

Könige und Fürsten, gelänge es
ihnen,
das Einfache eines rohen
Holzscheites zu bewahren,
folgten ihnen die zehntausend
Dinge von selbst.
Himmel und Erde würden eins,
sanften Regen brächten sie hervor,
die Menschen eins,
zwanglos miteinander in
Harmonie.

Das Dao in der Welt gleicht dem
Meer,
das alle Wasser miteinander
verbindet.

In Wahrheit ist doch alles so einfach! Aber die Menschen scheinen dazu zu neigen, die Dinge kompliziert und schwierig zu machen. Es heißt, dass die Menschen Regeln, Moral und Gesetze brauchen. Und doch ist selten zu erkennen, dass das Leben durch diese Regeln, Moralvorschriften und Gesetze einfacher, leichter, freudvoller, glücklicher würde. Insbesondere die Mächtigen scheuen das Einfache, weil sie annehmen, sie könnten dadurch verlieren. Doch auch darin irren sie: In Wahrheit würde auch ihnen die Einfachheit nutzen.

Wer andere kennt, ist klug;
wer sich selbst kennt, weise.
Wer andere überwindet, ist stark;
wer sich selbst überwindet, unbesiegbar.

Wer das rechte Maß kennt, ist reich,
wer die rechte Durchsetzungskraft hat, willensstark,
wer den rechten Platz einnimmt, wird bestehen,
wer stirbt und dennoch lebt – der ist unsterblich.

Das Äußere zu kennen und zu verstehen ist sicherlich gut. Doch die Kenntnis und das Verständnis des Inneren ist in jedem Falle wichtiger. Bevor man sich nach außen wendet, ist es sinnvoll, sich erst einmal selbst zu erforschen. Wenn man sich selbst kennt, wird es leichter, seiner wahren Natur gemäß zu leben. Lebt man gemäß seiner wahren Natur, wird einem ohne Mühe Erfolg beschieden sein.

Das große Dao ist allüberall, rechts wie links.
Das Werden der zehntausend Dinge hängt von ihm ab,
doch es will keine Macht über sie.
Es tut, was es tut, doch namenlos, besitzlos.
Es kleidet und nährt die zehntausend Dinge,
doch es gibt sich nicht als ihr Meister.
Ewig begierdelos – so kann man es gering nennen.
Doch weil ihm die zehntausend Dinge zuströmen
und es nicht Anspruch erhebt, ihr Herr zu sein –
so kann man es groß nennen.
Weil es um seine Größe nicht weiß, kann es Großes vollbringen.

Wenn jemand unbedingt Macht ausüben will, ist er gewiss ungeeignet Macht auszuüben. Wenn jemand von seinen Begierden getrieben wird, wird er stets Unzufriedenheit und Verlust erfahren. Es ist eben so: Sobald der Wille ins Spiel kommt, rücken das Gelingen und der Erfolg in die Ferne. Wer sich von seinem Willen befreit, ohne sein Ziel aus den Augen zu verlieren, wird erfolgreich sein.

Wer sich an das große Ur-Bild hält,
zu dem kommen die zehntausend Dinge.
Sie kommen zu ihm und leiden keinen Schaden,
finden Frieden, finden Ruhe, finden Einigkeit.

Musik und Speise
verlocken den verweilenden Wanderer.
Das Dao jedoch: fade für den Gaumen,
unsichtbar für's Auge,
klanglos für's Ohr.
Wer aber nach ihm handelt, dem versagt es nichts.

Sinnlichkeit ist ein wichtiger Bestandteil des Lebens. Wer nicht genießen kann, lebt nicht wirklich. Allerdings: Wer sich zum Sklaven seiner Sinne macht, wird schließlich seine Sinne nur abstumpfen, die Fähigkeit zum Genuss verlieren und sich nicht weiterentwickeln können. Die wahren Genüsse gehen über das ausschließlich Sinnliche hinaus. Wer seiner wahren Natur folgt, wird sein Leben erst wahrhaft genießen können.

Was man zusammendrücken will,
sollte man erst sich ausdehnen lassen.
Was man schwächen will,
erst stark werden lassen.
Was man umstürzen will,
erst sich erheben lassen.
Was man nehmen will,
erst loslassen.

Das nenne ich klare Einsicht:
Das Weiche besiegt das Harte.

Ein Fisch sollte nicht aus der Tiefe aufsteigen
und der Staat seine Waffenkraft nicht zeigen.

Stets das große Ganze im Auge zu behalten führt zum Gelingen. Meist ist es sinnvoll, gerade das, was man wünscht und glaubt, unvoreingenommen zu betrachten. Wenn man diese Übung praktiziert, wird sich das Verständnis für die Welt und das eigene Selbst erweitern; man wird seine wahren Ziele leichter erkennen und schneller erreichen.

Das Dao ist tatenlos,
und doch bleibt nichts ungetan.

Könnten Fürsten und Könige sich nach ihm richten,
die zehntausend Dinge würden sich ganz von selbst vollenden.
Sollten sie sich vollenden und dann begehren zu handeln,
mit namenloser Schlichtheit würden sie still gehalten.
Denn die namenlose Schlichtheit ist ohne Begehren.
Ohne Begehren aber herrscht Einklang.
So ordnete sich die Welt von selbst.

Die ständige Geschäftigkeit, in die sich die Menschen stürzen, führt nur auf Abwege und bewirkt mehr Schlechtes als Gutes. Es ist nicht im Mindesten notwendig, stets aktiv in den Lauf der Dinge einzugreifen, da die Konsequenzen des Handelns wegen der Unzahl der Wechselwirkungen zwischen den Dingen niemals wirklich vorhersehbar sind. Ohne ständiges Wollen, Tun und Begehren ist es viel leichter, seine Ziele zu erreichen. Mit einer Geisteshaltung der Achtsamkeit und des Nichtbegehrens vollenden sich die Dinge von selbst.

Buch 2: De – die Wahre Kraft

Die höchste Kraft weiß nichts von
der Kraft,
so bleibt die Wahre Kraft erhalten.
Die niedrige Kraft will ihre Kraft
erhalten,
so geht ihre Wahre Kraft verloren.

Die höchste Kraft ist tatenlos,
ihr Tun ist absichtslos.
Die niedrige Kraft will handeln,
ihr Tun ist absichtsvoll.

Höchste Güte handelt,
ihr Tun ist absichtslos.

Höchste Moral handelt,
ihr Tun ist absichtsvoll.
Höchste Sitte handelt,
und wenn jemand nicht folgt,
so droht sie und zwingt.

Geht das Dao verloren, erscheint
die Kraft,
geht die Kraft verloren, erscheint
die Güte,
geht die Güte verloren, erscheint
die Moral,
geht die Moral verloren, erscheint
die Sitte.

So ist die Sitte verkümmertes Vertrauen, verkümmerte Treue und der Anfang der Verwirrung. So ist Überschlauheit nur scheinbar eins mit dem Dao und der Anfang der Torheit.

Daher hält sich der Weise an das Wirkliche nicht an das Oberflächliche, an das Wirkende, nicht an das Scheinende. Das eine nimmt er an, das andere verwirft er.

Dem Willen wird oft eine große Macht zugeschrieben. Allerdings völlig zu Unrecht. Die Willenskraft kann bestenfalls den ersten Impuls zum Handeln geben, so wie ein Zündschlüssel das Auto startet. Doch danach wird der Wille nur zum Hindernis und raubt Energie. Die Dinge, die einen wirklich bewegen und das Herz mit Liebe erfüllen, verwirklichen sich umso müheloser, je weniger sie vom Willen eingeschränkt werden. Moral und Sitte üben solche Zwänge aus – und dadurch entsteht der Wunsch, ihnen zuwider zu handeln.

Diese empfingen einstmals das Dao:

Der Himmel empfing das Dao und ward klar.

Die Erde empfing das Dao und ward still.

Der Geist empfing das Dao und ward mächtig.

Das Tal empfing das Dao und ward erfüllt.

Die zehntausend Dinge empfingen das Dao und wurden schöpferisch.

Herrscher und Fürsten empfingen das Dao und wurden erhaben.

Das alles wird durch das Dao bewirkt.

Der Himmel ohne Klarheit würde bersten.

Die Erde ohne Stille würde beben.

Der Geist ohne Macht würde erstarren.

Das Tal ohne Fülle würde vertrocknen.

Die zehntausend Dinge ohne das Schöpferische würden erlöschen.

Die Herrscher und Fürsten ohne Erhabenheit würden fallen.

Wahrlich: Das Edle stammt vom Geringen ab.

Das Hohe stammt vom Niedrigen ab.

Daher nennen die Edlen sich selbst einsam, verwaist und unwürdig. Indem sie das tun, bezeichnen sie das Geringe als ihre Wurzel. Ist es nicht so?

Darum bedarf die höchste Ehre nicht der Würdigung. Begehre nicht das Funkeln des Juwels, sondern die unscheinbare Rauheit des Steins.

Alles Sein kommt durch das Dao. Daher ist alles, wie es sein kann, erst durch das Dao verwirklicht. Um auch dem Dao zu folgen, ist es wichtig, sich klar darüber zu werden, dass das Edle vom Unedlen abstammt und mit ihm zusammenhängt. Daher ist es so, dass das Geringe nicht herabgesetzt, das Edle nicht gewürdigt werden muss. Das Unscheinbare bewahrt den Frieden.

Wer in sich ruht, der hat es nicht nötig, sich selbst zu rühmen. Ganz im Gegenteil: Je mehr er sich dessen bewusst ist, dass das Hohe und das Niedrige zusammenhängen, desto weniger wird er sich des Geringen schämen. Ist es besser, aus der Erde gerissen und geschliffen zu werden wie ein Diamant oder in Frieden unversehrt zu ruhen wie ein Stein?

Rückkehr ist die Bewegung des Dao.
Schwäche ist das Wirken des Dao.
Die zehntausend Dinge gingen aus dem Sein hervor.
Das Sein ging aus dem Nicht-Sein hervor.

Ist nicht das, was gemeinhin »Fortschritt« genannt wird, oft eher ein Rückschritt? Die ganze Betriebsamkeit, das hektische Tun und Treiben, die technologische Entwicklung – hat sie die Menschen glücklicher, zufriedener, weiser und friedvoller gemacht? Wahrer Fortschritt ist es, sich auf das Wesentliche, das Menschliche, das Einfache zurückzubesinnen. Gewiss haben die technischen und kulturellen Errungenschaften es theoretisch möglich gemacht, dass die Menschen sich aus mancherlei Zwängen lösen könnten. Doch in Wirklichkeit ist eben das ja nicht geschehen; ganz im Gegenteil: Das rechte Maß ist verloren gegangen, da die Menschen nicht erkannt haben, wo und wann es Zeit wäre, innezuhalten und sich auf das Eigentliche zu besinnen.

Hört ein Weiser vom Dao, strebt er
ihm eifrig nach.
Hört ein mittelmäßiger Mensch
vom Dao, erkennt er halb und
zweifelt.
Hört ein Unverständiger vom Dao,
so lacht er laut darüber.
Lachte er nicht laut – dann war es
nicht das eigentliche Dao.

Daher sagten die Alten:
Das klare Dao scheint dunkel.
Das voranschreitende Dao scheint
zurückzuweichen.
Das ebene Dao scheint holprig.

Die höchste Kraft scheint gering.
Größte Reinheit scheint befleckt.
Die weitestreichende Kraft scheint
kurz.
Die stärkste Kraft scheint
unzureichend.
Die größte Festigkeit scheint hohl.
Das wahre Wesen scheint
unaufrichtig.
Das größte Quadrat hat keine
Ecken.
Das größte Gefäß füllt sich nie.
Der größte Ton ist unhörbar.
Das größte Bild hat keine Form.

Das Dao ist namenlos verborgen
und doch ist es das Dao, das alles
erhält und vollendet.

Das Wesentliche ist nicht dadurch zu erfassen, dass man blindlings der Mehrheit folgt. Weisheit, Erkenntnis und Vernunft sind nicht demokratisch: Wenig Sinn hat es, die Wahrheit durch Abstimmungen ermitteln zu wollen. Ist es nicht oft sogar so, dass man gerade dem, was die Mehrheit als das Rechte ansieht, mit Vorsicht und Zurückhaltung begegnen sollte? Die höchsten Einsichten sind nicht vereinbar mit einem relativ unreflektierten, unbewussten Leben. Daher werden die, die tiefere Einsichten haben, von der Menge zumeist mit Ablehnung, Skepsis oder Hohn betrachtet werden.

Aus dem Dao ging die Eins hervor,
aus der Eins die Zwei,
aus der Zwei die Drei,
aus der Drei die zehntausend
Dinge.
Die zehntausend Dinge, getragen
vom Dunkel, umfangen vom Licht,
vereint durch die allumfassende
fließende Kraft.

Einsamkeit, Verlassenheit und
Wenigkeit
sind den Menschen zuwider.
Und dennoch wählen Herrscher
dies zu ihrem Namen.
Denn die Dinge
vermehren sich, verringert man
sie,
sie verringern sich, vermehrt man
sie.
Ich lehre, was andere schon
lehrten:
Der Gewalttätige stirbt keinen
guten Tod.
Das ist der Kernpunkt meiner
Lehre.

Niemand ist gerne einsam, verlassen oder unbedeutend. Und doch: Wer verzweifelt versucht, der Einsamkeit, dem Verlassensein oder der Bedeutungslosigkeit zu entkommen, gerät nur umso tiefer in sie hinein. Wer mit der Einsamkeit umzugehen weiß, wer keine Angst vor dem Verlassenwerden hat, wer nicht den zwanghaften Drang verspürt, bedeutsam zu erscheinen, dem werden diese drei nichts anhaben können – und er wird weder einsam noch verlassen, noch bedeutungslos sein. Etwas mit Gewalt durchsetzen zu wollen, schadet nur.

Das Weichste in der Welt,
es überwindet das Härteste.
Das vollkommen Gestaltlose
dringt noch in das Vollste ein.

So erkenne ich den Wert des Nicht-Tuns.

Doch:
Lehre ohne Worte,
Handeln ohne Tun –
selten findet man sie in der Welt.

Durch Nachgiebigkeit und Flexibilität wird es leicht, seine wahren Ziele zu erreichen. Durch Härte und Unnachgiebigkeit hingegen wird man sich das Leben unnötig schwer machen. Das hektische Tun, die sinnlose Betriebsamkeit aufgeben: Das führt zu Zufriedenheit, innerer Ruhe und bleibendem Erfolg.

Ruhm oder Leben – was gilt mehr?
Leben oder Besitz – was gilt mehr?
Gewinn oder Verlust – was ist schlimmer?

Es ist wohl so:
viel Begehren, viel Mühsal,
viel Besitz, viel Verlust.
Wer weiß, wann er innehalten sollte,
der kommt nicht in Gefahr,
erlangt Unsterblichkeit.

Jede Form des Haben-Wollens, des Gelten-Wollens und des Begehrens zieht Leid, Unzufriedenheit und Rastlosigkeit nach sich. Wer viel begehrt, wird viele unnötige Mühen auf sich nehmen und häufig enttäuscht werden. Wer viel besitzt, wird in ständiger Angst vor Verlust leben. Es ist ratsam, sein Bewusstsein den wesentlichen Dingen des Lebens zuzuwenden. Das heißt nun nicht, dass man ziellos in den Tag hineinleben sollte: Es gilt nur zu wissen, wann es Zeit ist innezuhalten.

Die höchste Vollendung gleicht dem Unvollkommenen,
deshalb ist sie unvergänglich.
Die größte Fülle gleicht der Leere,
deshalb ist sie unerschöpflich.

Der gerade Weg scheint krumm,
wahre Begabung dumm,
vollkommene Beredsamkeit stumm.

Das Bewegte überwindet die Kälte,
das Stille die Hitze.

Klarheit und Stille
bringen die Welt ins Gleichgewicht.

Die höchste Vollendung scheint auf den ersten Blick wie Unvollkommenheit, da sie viel mehr beinhaltet, als auf den ersten Blick zu erkennen ist. So kann Computermusik zunächst einmal als sehr vollkommen angesehen werden, da die Töne mit höchster Präzision und Genauigkeit erklingen. Und doch ist sie in Wahrheit sehr unvollkommen, da das Warme und Menschliche fehlt. Erst durch die »Unvollkommenheit« menschlicher Musiker erlangt Musik die höchste Vollendung.

Ist die Welt erfüllt vom Dao,
tragen Rennpferde den Dung aufs Feld.
Ist die Welt entleert vom Dao,
züchtet man Schlachtrosse auf dem Feld.

Kein Übel ist größer als das Begehren,
kein Makel schwerer als die Unmäßigkeit,
kein Fehler schlimmer als die Habsucht.

In der Tat: Wer genügsam ist, hat stets genug.

Herrschen Zufriedenheit und Glück, werden einfache Dinge getan, die dem Leben dienen. Kein Mensch kommt auf den Gedanken, Krieg zu führen, zu erobern oder anderen seinen Willen aufzuzwingen. Gehen Zufriedenheit und Glück verloren, verirren sich die Menschen in Tätigkeiten, die ihnen Unglück bringen und sie unzufrieden machen. Drei Kräfte gibt es, die vor allen anderen den Keim allen Übels in sich tragen: Wollen, Unmäßigkeit und Gier. Reich ist der, der genug hat.

*Ohne das Haus zu verlassen
die Welt kennen,
ohne aus dem Fenster zu sehen,
das Dao des Himmels begreifen.*

*Je weiter man hinausgeht,
desto geringer das Verständnis.*

*Daher geht der Weise nicht hinaus
und weiß doch,
sieht nicht hinaus
und begreift doch,
handelt nicht
und vollendet doch.*

Weisheit ist nicht zu erlangen, indem man sich mit den vielfältigen Irrungen der Welt befasst. Viele Menschen wollen »informiert« sein, häufen nutzloses Wissen an, lesen täglich die Zeitung, sehen dreimal täglich die Nachrichten im Fernsehen; doch erfahren sie dabei etwas, das für ihr Leben wesentlich ist, was sie zufriedener macht und ihnen innere Ruhe verschafft? Wohl kaum! Ist es nicht eher so, dass die alltäglichen Schreckensmeldungen ihnen ein verzerrtes Bild der Welt vermitteln, sie in jedem Fall aber unruhiger machen?

Wer der Gelehrsamkeit folgt,
weiß jeden Tag mehr.
Wer dem Dao folgt,
weiß jeden Tag weniger.
Jeden Tag vermindert er und verlernt,
bis er beim Nicht-Tun angelangt ist.

Beim Nicht-Tun angelangt, bleibt nichts ungetan.
Die wahre Herrschaft über die Welt
erlangt nur, wer frei von Geschäftigkeit.
Die Geschäftigen sind nicht fähig,
die wahre Herrschaft über die Welt zu erlangen.

Das Anhäufen von Wissen, oder besser gesagt von Fakten, bringt die Menschen nicht wirklich weiter. Jedes Konversationslexikon beinhaltet doch mehr Faktenwissen, als wir jemals unserem Geist einprägen können. Was können wir hoffen zu gewinnen, wenn wir versuchen, es einem Lexikon oder Computer gleich zu tun? Herzlich wenig! Wahres Wissen ist etwas ganz anderes und kann nicht durch angestrengtes Einprägen von Daten, Fakten und Zahlen gewonnen werden. Deshalb kann wirkliches Wissen oft wie Unwissenheit scheinen. Sinnvolles Tun ist fern von Geschäftigkeit.

*Das Herz des Weisen ist nicht verschlossen;
es nimmt die Herzen aller Menschen in sich auf.*

*Er ist gut zu den Guten,
er ist gut zu den Unguten –
so vermehrt er die Güte.
Er vertraut den Vertrauenswürdigen,
er vertraut den Nicht-Vertrauenswürdigen –
so vermehrt er das Vertrauen.*

*Der Weise nimmt die Welt in sich auf
und wird eins mit ihr.
Die Menschen sehen ihn, hören ihn
und sind wie Kinder vor ihm.*

Wer sein Herz der Welt mit Liebe öffnet, wird dem mitunter seltsamen Treiben und Tun der Menschen mit mehr Verständnis und Gelassenheit gegenübertreten. Er wird von Hass, Verachtung, Rachegefühlen oder dem Drang, der Welt seinen Willen aufdrängen zu wollen, unberührt bleiben. Seine Güte und sein Vertrauen werden keine Tauschgeschäfte sein, sondern ein Teil seines Wesens. Wer im Reinen mit sich selbst und der Welt ist, wird alle Ausdrucksformen des Lebens als Teil des Ganzen und letztlich unwesentlich begreifen und keine Wut oder Unzufriedenheit verspüren. Stets bleibt er gelassen, gütig und vertrauensvoll; denn nur durch Güte kommt das Gute in die Welt.

Dort der Tod, hier das Leben:
Einer von dreien gehört dem
Leben,
einer von dreien dem Tod,
einer von dreien lebt, aber strebt
dem Tod entgegen.

Warum ist das so?
Weil er das Leben zu sehr beachtet.

Doch jener, der sein Leben auf die
rechte Weise lebt,
reist durchs Land und bleibt
verschont von Einhorn oder Tiger,
ohne Waffe schreitet er mitten
durch das feindliche Heer.

Keine Stelle, in die das Einhorn
stoßen könnte,
keine Stelle, in die der Tiger
schlagen könnte,
keine Stelle, die der Feind verwun-
den könnte.

Warum ist das so?
Weil er den Tod nicht beachtet.

Das Leben achten, aber sich nicht verzweifelt daran klammern; um die Realität des Todes wissen, aber nicht in beständiger Furcht leben – das macht das Leben frei und den Geist ruhig. Erst dann ist es möglich, sein Leben wahrhaft zu genießen. Wer sich ins Leben stürzt, ohne den Tod zu beachten, zieht Unglück auf sich. Wer in steter Angst vor dem Tod lebt, wird das Leben nicht wirklich leben. Wer lebt und sich nach dem Tod bzw. einem vermuteten Leben danach sehnt, verliert die Achtung vor dem Leben. Leben und Tod gehören zusammen.

Das Dao schafft,
die Wahre Kraft erhält.
Die Welt der Dinge gestaltet,
die Energie der Dinge vollendet.

Die zehntausend Wesen
achten das Dao, ehren die Kraft.
Das Dao achten, die Kraft ehren:
Niemand befiehlt es,
es geschieht ganz von selbst.

So ist es also:
Das Dao schafft und die Wahre
Kraft erhält:
Wachstum und Werden,
Reife und Vollendung.

Daher schafft der Weise ohne zu
besitzen,
handelt ohne etwas zu erwarten,
schützt ohne zu herrschen.
Das nennt man: Tiefe Kraft.

Alles was ist, ist in der Natur und durch die Natur. Alles was ist, folgt den Wegen der Natur. Nun macht es jedoch einen gewaltigen Unterschied, ob man sich dessen bewusst ist und sein Leben gemäß seiner Wesensnatur lebt, oder ob man mit den Dingen wie sie sind, hadert und versucht, seiner Natur entgegenzuhandeln. Selbstverständlich ist es gar nicht wirklich möglich, gegen die Natur zu handeln. Die »Naturgesetze« sind keine Regeln, die einzuhalten jemand fordert. Die Dinge geschehen, wie sie geschehen. Sinnvoll ist es, mit dem Wirken der Natur im Einklang zu stehen, dem Dao zu folgen. Vergeblich ist es, das Unmögliche tun zu wollen – dadurch schafft man nur Unzufriedenheit, Unrast und macht sich das Leben schwer.

Die Welt hat einen Anfang:
man nennt ihn Urmutter der Welt.
Wer die Mutter versteht,
versteht auch ihre Kinder.
Ihre Kinder verstehen heißt,
nah bei der Mutter verweilen –
so wird das Leben frei von Leid.

Den Mund nicht öffnen,
die Sinnespforten schließen –
so wird das Leben frei von Mühe.
Den Mund auftun,
die Geschäftigkeit einlassen –
so wird das Leben hoffnungslos.

Das Kleine erkennen:
das ist Erleuchtung.
Das Schwache bewahren:
das ist Stärke.
Das innere Licht nutzen,
um zur Erleuchtung zu gelangen
und das Leid dauerhaft zu über-
winden:
Das bedeutet, dem Dao zu folgen.

Die Natur und ihr Wesen erfassen und verstehen: Das bringt Freude, Gelassenheit und Friedfertigkeit mit sich. Lebt man in Einklang mit dem Dao, wird das Leben leicht. Ständig fruchtlose Gedanken denken, sich in Streit und Diskussionen verstricken, mit dem Lauf der Dinge hadern: Das macht unzufrieden, aggressiv und das Leben schwer. Nicht das Große und Starke macht das Leben lebenswert, sondern das Kleine und Schwache. Alles Große und Starke wurzelt im Kleinen und Schwachen. Wer das Leid in der Welt überwindet und verringert, dessen Leben ist mit Sinn erfüllt.

Geringes Wissen haben, doch dem Dao folgen:
Nichts wäre zu fürchten, als den Weg zu verlieren.
Der Pfad des Dao ist völlig gerade,
doch die Menschen lieben die Umwege.

Der Palast mit Schätzen gefüllt,
doch verwildert die Felder,
leer die Kornspeicher.
Die Reichen in prachtvollen Gewändern,
mit Schmuck und glänzenden Schwertern.
Sie fressen und saufen im Übermaß,
horten Schätze und Besitz.

Dieberei und Prahlsucht ist das,
gewiss nicht der gerade Pfad des Dao!

Wie einfach könnte das Leben sein! Die Menschen wären glücklich, zufrieden, frei und friedvoll, begäben sie sich nicht durch Wollen, Unmäßigkeit und Gier in selbstgeschmiedete Fesseln. Wer erkennt, dass diese drei Übel ihnen ihr Leben nur schwer machen, würde sie leicht und freudig ablegen. Sobald es gelingt, seine wahren Ziele zu erkennen und in Einklang mit seiner wahren Natur zu kommen, wird einem alles mit Leichtigkeit gelingen.

Was feste Wurzeln hat, wird nicht
ausgerissen;
was festen Halt hat, wird sich
nicht lösen:
Daher werden die Ahnen von
ihren Nachkommen geehrt.

Wirkt Wahre Kraft für das Innere
Selbst,
wird sie verwirklicht.
Wirkt Wahre Kraft für die Familie,
wird sie vermehrt.
Wirkt Wahre Kraft für die
Gemeinschaft,
wird sie groß.
Wirkt Wahre Kraft für das Land,
wird sie Früchte tragen.
Wirkt Wahre Kraft für die Welt,
wird sie alles durchdringen.

So wird das Selbst am Selbst
gemessen,
die Familie an der Familie,
die Gemeinschaft an der
Gemeinschaft,
das Land am Land,
die Welt an der Welt.

Wie erkenne ich diese Beschaffen-
heit der Welt?
Dadurch, dass das Dao in mir ist.

Wer gemäß seiner wahren Natur lebt, wer dem Dao folgt, hat einen festen Halt im Leben, der durch nichts zu erschüttern ist. Was könnte einen erschüttern, der im Bewusstsein der Einheit mit dem großen Ganzen lebt! Aus dieser Einheit erwachsen Kräfte, die anderen Menschen mitunter als geradezu übernatürlich erscheinen – doch sind sie nichts weniger als das: Sie sind gerade die Folge eines Lebens im Einklang mit dem Dao.

Der die Fülle Wahrer Kraft
bewahrt,
gleicht dem neugeborenen Kind:

Giftiges Gewürm beißt es nicht,
wilde Tiere reißen es nicht,
Raubvögel schlagen es nicht.

Biegsam die Knochen,
weich seine Muskeln,
doch kraftvoll sein Griff.

Unbekannt ist ihm das Liebesspiel,
doch sein Geschlecht zeigt sich
bereits;
ungemindert ist die Lebenskraft.

Den ganzen Tag Geschrei,
doch wird es niemals heiser;
ungemindert ist der Einklang.

Einklang erreichen heißt: von
Dauer sein.
Von Dauer sein heißt: Erleuchtung
erlangen.

Mit Gewalt das Leben mehren
heißt: Unheil.
Die Lebenskräfte bezwingen wollen
heißt: Gewalt.
Die Kraft missbrauchen heißt:
Verfall.
So handelt man dem Dao zuwider.
Dem Dao aber zuwiderzuhandeln
heißt:
ein frühes Ende finden.

Ein neugeborenes Kind ist in Einklang mit dem Dao: Es tut nur das, was ihm wesensgemäß ist. Es will nicht anhäufen, nichts erzwingen, es begehrt nicht, als groß zu gelten. Es ist flexibel und weich und dennoch stehen ihm Kräfte zur Verfügung, die dem unbeugsam und hart gewordenen Erwachsenen verloren gegangen sind. Daher wächst es, ohne wachsen zu wollen, lernt ohne Gelehrsamkeit und erreicht seine Ziele, da es nichts mit Gewalt erzwingt.

Der Wissende redet nicht,
der Redende weiß nicht.

Den Mund verschließen,
die Pforten verriegeln,
den Scharfsinn entschärfen,
die Verwirrung entwirren,
das Glänzende mindern,
dem Staub gleich werden:
Das ist Eins-Sein mit dem Dao.

Unerreichbar ist dies durch Zuneigung
oder Abneigung,
unerreichbar durch Gewinn
oder Verlust,
unerreichbar durch Edelmut
oder Niedrigkeit:
Daher ist es die höchste Kostbarkeit.

Wer sich aufspielt, wer meint, seine Meinung verkünden zu müssen, wer sein vermeintliches Wissen anderen aufdrängen will, zeigt dadurch nur, dass er sich minderwertig fühlt, dass er kein wahres Wissen, keine wirkliche Erkenntnis hat. Wer danach trachtet, in Einklang mit dem Dao zu kommen, genießt die Stille, bleibt ruhig und achtsam; er hat nicht den Drang zu wirken: Und dadurch bewirkt er viel und es gelingt ihm alles.

Um das Land zu regieren, bedarf es der Kunst zu ordnen,
um Krieg zu führen, bedarf es der Begabung zu überlisten.
Die Welt jedoch erringt man nur durch Nicht-Tun.

Woher weiß ich, dass dies so ist?
Nun:
Je zahlreicher die Verbote, desto ärmer das Volk,
je schärfer die Waffen, desto unruhiger das Land,
je geschickter die Menschen, desto häufiger die Erfindungen,
je mehr Gesetze, desto mehr Diebe und Räuber.

Daher sagt der Weise:
Beim Nicht-Tun bleiben – von selbst wandeln sich die Menschen,
die Stille lieben – von selbst werden die Menschen rechtschaffen,
Geschäftigkeit meiden – von selbst gelangen die Menschen zu Wohlstand,
ohne Begehren sein – von selbst werden die Menschen natürlich.

Wer mit Gewalt als groß gelten will, wer die Dinge erzwingen möchte, muss viel Energie für seine Ziele aufwenden und wird sie gerade dadurch nur schwer erreichen. Jede Gewalt, jeder Zwang, jede Geschäftigkeit ruft nur entgegengesetzte Kräfte auf den Plan. Willenlos und zwanglos geht alles im Leben leichter.

Wird das Land unmerklich regiert,
sind die Menschen einfach und ehrlich.
Wird das Land unbarmherzig regiert,
sind die Menschen verschlagen und listig.

Leid hat seine Wurzeln im Glücklichsein,
Glück liegt im Leid verborgen.
Wer aber weiß schon, dass gerade
das Nicht-Ordnen Ordnung schafft?

Ordnung wird zu Unordnung,
Gutes zu Ungutem:
Die Verwirrung hält schon lange an.

Daher ist der Weise:
vorbildlich, ohne zu sich aufzudrängen,
aufrecht, ohne zu beleidigen,
geradewegs, ohne zu begradigen,
erleuchtet, ohne zu blenden.

Wer die Menschen zwingen oder ihnen etwas aufdrängen will, wird mit Sicherheit Widerstand erzeugen und nur die schlechtesten Eigenschaften in den Menschen hervorbringen. Eltern, die ihren Kindern enge Grenzen setzen, willkürliche Regeln aufstellen und harte Strafen verhängen, werden ihre Kinder zu Unzufriedenheit, Heuchelei und Ängstlichkeit erziehen. Gutes lehren kann nur der, der Gutes tut und ein nachahmenswertes Vorbild ist.

Das Land regieren oder dem
Himmel dienen –
nichts ist besser als maßvoll zu
bleiben.
Nur durch Mäßigung kann man
von Anfang an dem Dao folgen.
Von Anfang an dem Dao folgen
heißt:
das Speichern der Wahren Kraft.

Wer aber die Wahre Kraft speichert,
dem ist nichts unerreichbar.
Wem nichts unerreichbar ist,
dessen Grenzen kennt man nicht.
Der, dessen Grenzen man nicht
kennt,
kann das Land führen.

Beachtet er das mütterliche Prinzip,
kann er Unsterblichkeit erlangen.
Das ist das Dao
der tiefen Wurzeln,
des festen Stammes,
der ewigen Dauer,
der steten Schau.

Unmäßigkeit ist eines der drei großen Übel und zieht viele andere Übel nach sich. Wer maßlos beim Essen ist, wird krank und fett; wer maßlos in seiner Gier ist, wird geizig und misstrauisch; wer maßlos in der Beachtung von Regeln ist, wird fanatisch und verliert den Blick auf die Zusammenhänge. Wer hingegen das rechte Maß erkennt und sich zwanglos, weil es seiner Natur entspricht, danach richtet, der wird alles erreichen können, ohne sich Mühe zu geben.

Ein großes Land muss man regieren,
wie man kleine Fische brät.

Leitet man die Welt im Einklang mit dem Dao,
wirkt die Macht des Bösen nicht.
Nicht etwa, dass das Böse keine Macht mehr hätte –
doch seine Macht schadet den Menschen nicht mehr.
Nicht nur schadet seine Macht den Menschen nicht mehr –
auch der Weise schadet den Menschen nicht mehr.
Und da beide keinen Schaden mehr tun,
strömt ihre Kraft zurück ins Dao.

Wer Menschen anleitet, führt, regiert oder lehrt, tut gut daran, sehr behutsam vorzugehen. Sobald Zwang ins Spiel kommt, wird sich Widerstand regen, der alles erschwert. Geschieht hingegen alles im Einklang mit der Natur der Menschen, wird alles leicht gelingen. Die Menschen werden das, was sie tun, mit Liebe tun und der, der sie anleitet, führt, regiert oder erzieht, wird keine Fehler begehen können.

Ist ein großes Reich wie die Mündung eines Stromes,
so fließt ihm alles zu.
In ihm verwirklich sich das weibliche Prinzip der Welt.
Das Weibliche siegt stets über das Männliche durch Ruhe:
Durch Ruhe bleibt es in der Tiefe.

Also: Ordnet sich ein großes Reich einem kleinen unter,
so nimmt es das kleine in sich auf.
Ordnet sich ein kleines Reich einem großen unter,
so wird es von ihm aufgenommen.
So nimmt das eine auf, indem es sich unterordnet,
das andere wird aufgenommen, indem es sich unterordnet.

Das große Reich will die Menschen vereinen und schützen,
das kleine Reich will den Menschen dienen und teilhaben.
Damit ein jedes gewinnt, was es begehrt,
muss das Große in der Tiefe verweilen.

Es gibt keine absoluten Maßstäbe dafür, was richtig und was falsch ist: Immer kommt es auf die Zusammenhänge an und auf den Zeitpunkt. Was für den einen gut ist, kann für den anderen falsch sein; was zu einem Zeitpunkt das Rechte ist, ist zu einem anderen das Falsche. Jenseits der Vielzahl der Möglichkeiten steht jedoch etwas Umfassenderes. Nicht Aktivität und Handeln sind es, die letztlich zählen, sondern die Stille und Aufnahmebereitschaft.

Das Dao ist die Heimat der zehntausend Dinge:
der Guten Schatz,
der Unguten Schutz.

Durch schöne Worte kann man Achtung gewinnen,
durch würdiges Gehabe kann man sich hervortun.
Warum also sollte man schlechte Menschen verwerfen?

Wenn der Kaiser den Thron besteigt
und die höchsten Minister ernannt werden:
Wertvoller als das Jadeszepter,
das im feierlichen Zug dargebracht wird,
ist es, still dem Dao zu folgen.

Warum achteten die Alten das Dao?
Weil ihnen bekannt war,
dass man erhielt, nach was man sich sehnte,
dass man den Folgen seiner Fehler entging.
Daher achtete das Volk das Dao.

Man kann versuchen, durch seine Handlungen, durch Heuchelei, durch Klugheit, durch Verstellung, durch Zurschaustellen etwas zu erreichen, was man sich wünscht – doch ist das, was nicht durch Aufrichtigkeit und Liebe von selbst zu einem kommt, überhaupt wünschenswert? Wenn man innere Ruhe findet und seiner wahren Natur folgt, wird einem ohnehin alles gelingen.

Wirke durch Nicht-Tun, handle ohne Geschäftigkeit,
genieße ohne Schlemmerei.
Mache das Kleine groß, vermehre das Geringe,
vergilt Böses mit Gutem.
Plane das Schwere, wenn es leicht ist,
kümmere dich um das Große, solange es klein ist.
Denn: Alles Große wurzelt im Kleinen.

Darum tut der Weise niemals Großes –
so gelingt ihm Großes.

Wer leichtfertig etwas verspricht, weckt kein Vertrauen.
Wer die Dinge leichtsinnig behandelt, stößt auf Schwierigkeiten.

Daher nimmt der Weise nichts auf die leichte Schulter –
so fällt ihm alles leicht.

Wer unbedingt Großes vollbringen will, dem wird alles schwer. Wer dagegen erkennt, dass alles Große immer mit Kleinem beginnt, dem wird klar, dass er, indem er Kleines tut, ohnehin Großes bewirkt. Sich in jeder Hinsicht mäßigen und das Kleine nicht gering schätzen – das führt mühelos zum Ziel.

Das Ruhende ist leicht zu fassen.
Das Werdende ist leicht zu lenken.
Das Spröde ist leicht zu brechen.
Das Kleine ist leicht zu lösen.

Wirke auf die Dinge, bevor sie sich
ordnen,
ordne die Dinge, bevor sie sich
verwirren.

Auch der nicht zu umfassende
Baum
erwuchs aus einem winzigen Keim;
auch der neunstöckige Turm
begann als ein Klumpen Lehm,
auch eine Reise von tausend
Meilen
beginnt mit einem Schritt.

Geschäftigkeit führt zu Zerstörung,
Anhaften führt zu Verlust.

Weil der Weise beim Nicht-Tun
verweilt, zerstört er nichts;
weil er den Dingen nicht anhaftet,
verliert er nichts.

Die Menschen jedoch sind
geschäftig
und zerstören ihre Werke vor der
Vollendung.
Wer das Ende wie den Anfang
achtet,
wird nicht fehl gehen.
Daher befreit sich der Weise von
Begierden,
achtet Kostbarkeiten gering,

lernt ohne Gelehrsamkeit.
Er wendet sich dem zu,
an dem die Menschen vorübergehen.

So fördert er den natürlichen Lauf der Dinge
und fürchtet nur die Geschäftigkeit.

Sich den kleinen Dingen von Anfang an zu widmen führt dazu, dass man ohne Geschäftigkeit und große Mühen viel bewirkt. Große Begierden, große Pläne, große Betriebsamkeit: Das zieht nur Verlust, Unzufriedenheit und Unheil nach sich.

Die alten Meister, die dem Dao folgten,
belehrten nicht das Volk.
Sie nahmen das Dao,
um die Gelehrsamkeit zu verringern.
Hat das Volk zu viel Wissen,
ist es schwer, Frieden zu bewahren.
Wer das Reich mit Gelehrsamkeit leiten will,
wird dem Reich schaden.
Wer das Reich nicht mit Gelehrsamkeit leitet,
ist ein Glücksfall für das Reich.

Diese beiden Möglichkeiten gibt es.
Wer dies wirklich begreift,
hat die Geheime Kraft.
Die Geheime Kraft ist tief und weit:
Die zehntausend Dinge führt sie
zur allumfassenden Einheit.

Gelehrsamkeit ist oberflächliches Wissen, das Verstehen vorgaukelt und damit Unbescheidenheit und den Drang, in den Lauf der Dinge einzugreifen, nach sich zieht. Wahres Wissen ist nicht lehrbar, nur erfahrbar. Daher führt das Verringern der Gelehrsamkeit zu einem Vermehren der Einsicht und des Friedens.

Strom und Meer sind Herrscher über alle Wasser –
denn sie verweilen im Niedrigen:
Daher sind sie Herrscher der hundert Flüsse.

So verweilt der Weise in der Tiefe,
damit er über den gewöhnlichen Menschen steht.
Um die Menschen zu führen,
muss man sich hintanstellen.

So bleibt der Weise hochstehend
und fällt den Menschen nicht lästig.
So steht er vor den gewöhnlichen Menschen
und schadet ihnen nicht.

So hebt ihn das Volk willig empor,
ohne zu murren.
Da er sich mit niemandem misst,
bleibt er unermesslich.

Wer sich selbst über die anderen Menschen stellt, ist nicht groß und wird tief fallen. So wie die Materie ohne Willen, ohne Mühe der Schwerkraft folgt, so folgen auch die Menschen am leichtesten dem, was ihrer Natur entspricht. Wer darum weiß und sich dort aufhält, wo es letztlich jeden hinzieht, wird den anderen weit voraus sein, ohne sich vorzudrängen oder sich über sie zu erheben. Er ist groß, weil er nicht nach Größe strebt.

*Alle geben zu: Das Dao, von dem
ich spreche, ist groß –
doch sie finden es unbegreiflich.
Seine Größe macht es
unbegreiflich –
wäre es begreiflich,
wäre es längst klein geworden.*

*Drei Schätze habe ich,
die ich schütze und bewahre:
Mitgefühl ist einer,
Genügsamkeit der zweite,
Zurückhaltung der dritte.*

*Durch Mitgefühl kann man mutig
sein,
durch Genügsamkeit großzügig,
durch Zurückhaltung kann man
die Menschen anleiten.
Mut ohne Mitgefühl,
Großzügigkeit ohne
Genügsamkeit,
Belehrung ohne Zurückhaltung –
das ist verderblich.*

*Mitgefühl hat große Macht:
im Angriff ist es Stärke,
im Widerstand Festigkeit.
Wen der Himmel bewahren will,
bewahrt er mit der Kraft des
Mitgefühls.*

Die Menschen erkennen wohl dunkel, dass es etwas gibt, das größer und bedeutender ist als ihr alltägliches Treiben. Das ist die Wurzel aller Religionen. Doch verstehen oder ihr Leben danach richten können sie nicht so leicht. Dazu müssten sie sich erst einmal aus ihren selbstauferlegten Fesseln lösen. Drei Dinge erleichtern dies: Bescheidenheit, Genügsamkeit und Mitgefühl. Das Mitgefühl aber ist die wichtigste Kraft.

Ein guter Feldherr braucht keine Gewalt,
ein guter Kämpfer empfindet keinen Zorn,
ein guter Sieger wünscht keine Vergeltung,
ein guter Herrscher bleibt demütig.

Das ist die Wahre Kraft des Nicht-Streitens,
die Kunst der Menschenführung,
mit dem Himmel im Einklang sein.

Gewalt ist immer von Übel. Selbst wenn man mit Gewalt konfrontiert wird, ist Gegengewalt nur die allerletzte Zuflucht – und auch dann wird sie Unheil nach sich ziehen. So ist es also sinnvoll, Gewalt so weit wie möglich zu meiden. Wer beginnt, Gewalt als notwendig und legitim anzusehen, wird schließlich Gefallen an ihr finden und sich selbst und anderen großen Schaden zufügen. Wahrhaft siegen kann nur der, der nicht kämpft.

Unter großen Feldherrn gilt:
Ich mache nicht den ersten Schritt,
sondern warte ab, wie ein Gast.
Ich rücke keine Handbreit vor,
sondern weiche einen Schritt zurück.

Das ist Fortschritt ohne Vordringen,
Kampf ohne Handgreiflichkeit,
Sieg ohne Angriff,
Stärke ohne Waffen.

Kein Fehler ist größer,
als den Feind zu unterschätzen:
Das Unterschätzen des Feindes
führt zum Verlust der Schätze.

Daher siegt im Kampf der,
der schweren Herzens kämpft.

Wenn man Angriffe ins Leere laufen lässt, kann man leicht siegen, ohne anzugreifen, man wird den Kampf gewinnen, ohne Gewalt anzuwenden. Das ist auch das Prinzip der Daoistischen Kampfkunst T'ai Chi Ch'uan. Richtiges Zurückweichen ist keine Flucht, sondern bedarf höchster Achtsamkeit und der Einheit mit dem Dao. Wer auf die richtige Weise ausweichen will, muss auch seinen Angreifer verstehen.

Leicht sind meine Worte zu verstehen,
sehr leicht ist es, ihnen zu folgen.
Und dennoch kann niemand in der Welt
sie verstehen oder ihnen folgen.

Worte haben einen Ursprung,
Taten einen Täter.
Doch da die Menschen das nicht verstehen,
verstehen sie mich nicht.

Nur wenige verstehen mich –
das macht meinen Wert.
So trägt der Weise ein grobes Gewand,
doch sein Herz ist wie kostbare Jade.

Schwer ist es, das Dao in Worte zu fassen, logisch zu analysieren und rational zu begreifen. Leicht ist es allerdings, das Dao mit dem Herzen zu erfassen und zu begreifen. Doch um mit dem Herzen verstehen zu können, muss man bereit sein, sich zu öffnen. Da nicht viele bereit sind, ihre vorgefassten Meinungen beiseite zu legen und sich dem Verstehen zu öffnen, verstehen nur wenige das Dao, obgleich es leicht zu verstehen ist.

Wissen, dass man nichts weiß, ist erhaben.
Nicht wissen, dass man etwas weiß, ist leidvoll.
Wer das Leidvolle als Leid erkennt,
wird frei von Leiden.

Der Weise leidet nicht,
da er Leid als leidvoll erkennt –
so verspürt er kein Leid.

Manche Menschen bilden sich viel auf ihr scheinbares Wissen ein – viel mehr wüssten sie, wenn sie wüssten, dass sie nichts wissen. Das tiefere Wissen hingegen, über das jeder Mensch verfügt, nämlich das Wissen des Körpers und des Herzens, ist ihnen unbekannt – obwohl es gut wäre, zu wissen, dass man dieses Wissen als Einziges wirklich hat.

Fürchten die Menschen deine Macht nicht,
wird deine Macht wachsen.

Achte die Menschen nicht gering,
mach ihnen ihr Leben nicht zur Last.
Wenn du ihnen nicht zur Last wirst,
werden sie dich nicht hassen.

Daher kennt der Weise sich selbst,
doch er drängt sich nicht vor;
er kennt seinen Wert,
doch er ist nicht überheblich.
So schätzt er die Macht gering
und wählt Bescheidenheit.

Was für eine Macht ist es, die sich nur auf Angst gründet? Keine wirkliche Macht und keine, die Bestand hat. Welchen Wert hat es denn überhaupt, Macht ausüben zu wollen? Wer nach Macht giert, wird die Menschen gering achten und ihnen Lasten aufbürden, die weder sein Leben noch das ihre bereichert. Das Ausüben von Macht durch Machtgierige wird stets großes Unheil nach sich ziehen. Wer sich selbst kennt und mit sich im Reinen ist, wird wenig Wert darauf legen, Macht zu haben.

Wer seinen Mut in Wagnissen beweist, kommt um.
Wer seinen Mut darin zeigt, dass er keine Wagnisse eingeht, lebt weiter.
Beide zeigen Mut – doch bringt der eine Schaden, der andere Nutzen.

Manche verachtet der Himmel – doch wer weiß schon warum?
Selbst der Weise kann das kaum sagen.

Das Dao des Himmels:
Ohne Streit siegt es meisterlich,
ohne Worte lehrt es meisterlich,
ohne Aufruf zieht es alle an,
ohne Hast vollendet es meisterlich.

Das Netz des Himmels ist unvorstellbar groß –
obwohl seine Maschen grob sind, entgeht ihm nichts.

Nicht selten gehört weitaus mehr Mut dazu, sich zurückzuhalten, als sich in gefahrvolle Aktivitäten zu stürzen. Ein Soldat, der blindlings seinen Führern folgt und sich den Gefahren sinnlosen Gemetzels aussetzt, beweist gewiss weniger Mut, als einer, der sich als Deserteur oder Kriegsdienstverweigerer dem, was er als unheilvolles Tun erkennt, mutig widersetzt.

Wenn die Menschen den Tod nicht fürchten:
Wie will man sie dann mit dem Tode schrecken?
Wenn sie den Tod fürchten,
kann man sie ergreifen und töten.
Wer aber sollte das wagen?

Tod bringt der Meister des Todes –
wer an seiner Stelle tötet,
gleicht dem Knaben,
der des Zimmermanns Axt schwingt:
Führt er die Axt des Meisters,
wird er sich gewiss die Hand verletzen.

Gewalt zieht stets Gewalt nach sich. Wer andere Menschen mit dem Tod bedroht, wird sich selbst dem Tod näher bringen, ohne dabei seinen Zielen wirklich näher zu kommen. Die Furcht vor dem Tod macht jedoch die Drohungen gewalttätiger Menschen überhaupt erst möglich. Ohne Furcht vor dem Tod kann niemand durch Todesdrohungen zu etwas gezwungen werden. Wer erkennt, dass der Tod ohnehin unvermeidlich ist, wird ihn schließlich immer weniger fürchten – ohne deshalb das Leben weniger zu lieben.

Das Volk hungert:
Nur weil die Herrscher sich an den Steuern mästen,
muss es hungern.

Das Volk ist schwer zu regieren:
Nur weil die Herrscher sich zu sehr einmischen,
ist es schwer zu regieren.

Das Volk nimmt den Tod leicht:
Nur weil die Herrscher zu sehr auf seinen Fortbestand bedacht sind,
nimmt es den Tod leicht.

In der Tat:
Eben jene, die sich nicht in den Lauf des Lebens einmischen,
wissen es wirklich zu schätzen.

Ob die Mächtigen nun um ihren eigenen Vorteils willen handeln, ob sie meinen, die Welt verbessern zu müssen, oder ob sie ihr Volk erziehen wollen – immer wird das Einmischen in das natürliche Leben des Volkes sein Glück, seinen Frieden und seine innere Ruhe verringern. Je weniger sich die Mächtigen einmischen, desto Besseres werden sie bewirken.

Schwach und biegsam ist der Mensch, wenn er geboren wird,
starr und hart ist er, wenn er stirbt.
Schwach und biegsam sind Gras und Baum, wenn sie jung sind,
starr und hart, wenn sie sterben.
So sind also Härte und Starrheit
Gefährten des Todes;
Schwäche und Biegsamkeit
Gefährten des Lebens.

Daher wird ein starres Vorgehen erfolglos sein;
ein harter Baum wird von der Axt gefällt.

So sinkt das Starke und Harte,
während das Schwache und Biegsame aufsteigt.

Härte und Unnachgiebigkeit werden oft als Tugenden angesehen. Doch wirft man einen Blick auf die Natur, wird man sofort erkennen, dass diese »Tugenden« weit eher Zeichen des Verfalls und des nahenden Todes sind als Charakteristika des blühenden Lebens. Was hart und unnachgiebig ist, wird brechen, sobald sich ihm eine starke Kraft entgegenstellt; was schwach und biegsam ist, wird mühelos der Gewalt ausweichen. Der stärkste Orkan bricht keinen Grashalm, sondern die alten, harten und festen Bäume.

*Das Dao des Himmels
gleicht dem Spannen eines Bogens:
Das Hohe wird niedergedrückt,
das Untere wird emporgezogen;
was zu viel ist, wird vermindert,
was zu wenig ist, vermehrt.*

*Das Dao des Himmels
vermindert das, was zu viel ist,
vermehrt das, was zu wenig.*

*Der Weg des Menschen ist anders:
Er vermindert das, was zu wenig
ist,
um das, was zu viel ist, zu speisen.
Wer aber kann das,
was er zu viel hat, der Welt geben?
Nur der vom Dao Erfüllte.*

*So ist der Weise:
Er hilft, doch verlangt nichts für
sich,
er vollendet, doch beansprucht keinen Verdienst.
Er begehrt keine Anerkennung von
den anderen.*

In der Natur herrscht ein ständiges Auf und Ab, ein stetes Geben und Nehmen, Werden und Vergehen. Nur der Mensch versucht, das natürliche Gleichgewicht zu brechen – doch was er aus dem Gleichgewicht bringt, richtet sich stets gegen ihn selbst. Die Versuche, das Gleichgewicht zu verändern, bewirken nur, dass die Unzufriedenheit wächst und die Ruhe schwindet. Wer hingegen eins mit dem Dao ist, wird ein Quell der Harmonie sein.

*Nichts auf der Welt gleicht dem Wasser
in Nachgiebigkeit und Weichheit.
Und doch vermag nichts so wie das Wasser
das Harte und Starre zu bezwingen:
Denn es ist unveränderlich in seinem Wesen.*

*Das Weiche siegt über das Harte,
das Nachgiebige über das Starre:
Wer wüsste das nicht?
Und doch handelt niemand danach.*

*Daher sagt der Weise:
Wer die Schande des Reiches auf sich nimmt,
ist wert, die Menschen zu führen;
wer das Unglück des Reiches auf sich nimmt,
ist wert, die Welt zu führen.*

Die Wahrheit erscheint oft widersprüchlich.

Das Wasser ist ein hervorragendes Symbol für die Lehren des Daoismus: Das Schwache besiegt das Starke – das heißt, wahre Stärke kann wie Schwäche erscheinen. Das was als Stärke angesehen wird, erweist sich oft als schwach. Durch Nachgiebigkeit ist alles zu erreichen. Ist all das wirklich widersprüchlich, oder mangelt es nur an Verstehen?

Wird ein bitterer Streit beigelegt,
bleibt ein Rest von Bitterkeit.
Wie kann man dies lösen?

Der Weise nimmt den Schuldschein,
doch treibt er die Schuld nicht ein.
Wer Wahre Kraft hat, hält sich an seine Pflicht;
wer ohne Wahre Kraft ist, pocht auf sein Recht.

Das Dao bevorzugt niemanden.
Stets wirkt es durch den guten Menschen.

Auch wenn man im Recht ist – oder vielleicht ganz besonders dann –, ist es nicht nötig, auf seinem Recht zu beharren. Wer unnachgiebig auf seinem Recht besteht, wird nur neues Unrecht in die Welt setzen. Weitaus besser, als Recht zu haben oder sein Recht einzufordern, ist Güte. Durch Güte kommt Gerechtigkeit in die Welt.

*Das Land sei klein, die Menschen
wenige;
kraftvolle Werkzeuge ungenutzt.
Die Menschen lehrt den Tod ernst
zu nehmen
und weite Reisen zu meiden.
Gibt es auch Schiffe und Wagen,
so fahre doch keiner mit ihnen.
Gibt es auch Panzer und Waffen,
so hole sie doch niemand hervor.
Lehrt die Menschen wieder
Schnüre knoten
und sie gebrauchen statt der
Schrift.*

*Ihre Speise wird ihnen schmecken,
ihre Kleidung sie kleiden,
ihr Heim sie zufrieden stellen,
ihre Lebensweise sie glücklich
machen.
Auch wenn Nachbarländer in
Sichtweite liegen,
man die Hunde bellen, die Hühner
gackern hört,
so mögen die Menschen doch ihr
Leben beschließen,
ohne hin- und hergereist zu sein.*

Je weniger sich die Menschen in rastloses Tun begeben, je einfacher und friedvoller sie leben, desto zufriedener und gelassener wird ihr Leben sein. Die Menschen brauchen keine Maschinen, keine Waffen, kein theoretisches Wissen, um glücklich zu sein.

Wahre Worte sind nicht schön,
schöne Worte sind nicht wahr.
Menschen, die gut sind, überreden nicht,
Menschen, die überreden, sind nicht gut.
Der Wissende ist nicht gelehrt,
Gelehrte sind nicht wissend.

Der Weise häuft nicht an:
Je mehr er anderen gibt, desto mehr gewinnt er,
und da er anderen gibt, wächst sein Reichtum.

Das Dao des Himmels
ist Nutzen ohne Schaden.
Das Dao des Weisen
ist Wirken ohne Streit.

Selten ist das wahr, was jedermann einleuchtet und angenehm klingt.
Wahre Worte werden zunächst oft irritieren, beunruhigen und verstören, weil sie das, was die Menschen gerne glauben, in Frage stellen.
Beunruhigend ist es deshalb, weil die Menschen starr an Vertrautem hängen, selbst wenn das Vertraute offensichtlich kein Heil bringt.
Selten bewirken Menschen, die andere überreden wollen, etwas Gutes, denn wäre es gut: Wozu müsste man sie überreden?

Impressum

© Gondrom Verlag GmbH, Bindlach 2004

Produktion: Medienprojekte, München
Covergestaltung: Katharina Schweissguth, München
Umschlagfoto: Zefa, Düsseldorf; Image Source, Köln

Alle Rechte vorbehalten:
Kein Teil dieses Werkes darf ohne schriftliche Einwilligung des Verlages in irgendeiner
Form (Fotokopie, Mikrofilm oder ein anderes Verfahren) reproduziert oder unter
Verwendung elektronischer Systeme verarbeitet, vervielfältigt oder verbreitet werden.

011

ISBN 3-8112-2395-X

5 4 3 2 1